Karl Seitz

Liederperlen deutscher Tonkunst

Ausgewählte Lieder und Gesänge in dreistimmiger Bearbeitung

Karl Seitz

Liederperlen deutscher Tonkunst
Ausgewählte Lieder und Gesänge in dreistimmiger Bearbeitung

ISBN/EAN: 9783743411418

Hergestellt in Europa, USA, Kanada, Australien, Japan

Cover: Foto ©Thomas Meinert / pixelio.de

Manufactured and distributed by brebook publishing software
(www.brebook.com)

Karl Seitz

Liederperlen deutscher Tonkunst

Lieder-Perlen deutscher Tonkunst.

Ausgewählte

Lieder und Gesänge in dreistimmiger Bearbeitung.

(Sopran I, II u. Alt oder Tenor I, II u. Baß.)

Zunächst für den Gebrauch in

Gymnasien, Latein- und Realschulen,

Oberklassen höherer Töchterinstitute

und

Bildungs-Anstalten für Lehrer u. Lehrerinnen

gesammelt, teilweise bearbeitet,

mit genauer Vortragsbezeichnung versehen und

in 2 Heften

herausgegeben von

Karl Seitz,

Lehrer an der Volksschule und Gesanglehrer am höheren Töchterinstitute in Hof a. d. S.

Op. 82.

1. Heft: 2. Heft:
90 weltliche Lieder und Gesänge.   60 geistliche Lieder und Gesänge.

Stereotypausgabe.

Nürnberg.

Verlag von Franz Büching.

Vormerkungen.

1. Von den im **ersten** Hefte der vorliegenden Sammlung aufgenommenen Liedern und Gesängen sind **35** Nummern ursprünglich für 3 Singstimmen komponiert, davon **9** hier zum ersten Mal gedruckt erscheinen; die übrigen sind größtenteils von dem Herausgeber nach vier- und mehrstimmigen Männer- oder gemischten Chören, oder nach Liedern für eine Singstimme mit Pianofortebegleitung bearbeitet.

2. Sämtliche Chöre können sowohl von weiblichen oder Knaben-Stimmen (Sopran I, II und Alt), als auch von Männerstimmen (Tenor I, II und Baß) gesungen werden; doch ist zu empfehlen, daß in letzterem Falle die Mehrzahl in eine höhere Tonart transponiert werde. Diese Tonarten sind den betreffenden Chören am Anfange des Textes vorgedruckt.

3. Die Tempobezeichnungen beziehen sich auf Mälzl's Metronom.

4. Um bei der Einübung und dem Vortrage der Chöre ein gleichzeitiges Atemholen zu erzielen, sind hiefür die nötigen Zeichen beigedruckt und zwar: v gilt bei Strophengesängen für sämtliche Verse; | gilt bei einstrophigen oder durchkomponierten Liedern und Gesängen für diejenigen Stellen, wo im Texte das Zeichen beigesetzt ist. Wo Pausen stehen, sind selbstverständlich die Atmungszeichen weggelassen.

Inhalts-Verzeichnis des I. Heftes.
In alphabetischer Reihenfolge der Textanfänge.

Die mit * bezeichneten Chöre sind Original-Kompositionen und erscheinen hier zum ersten Mal gedruckt.

Text-Anfänge.	Dichter.	Komponist.	Seite.
Abend wird es wieder	Hoffmann v. F.	Adam.	7
Ade, du lieber Tannenwald	Vogl.	Esser.	20
Am Brunnen vor dem Thore	Müller.	Schubert.	75
Am Waldrand steht ein	Oser.	Schmölzer.	73
Auf den Bergen möcht ich leben	Widmer.	Schletterer.	72
Brüder reicht die Hand zum Bunde	?	Mozart.	58
Das ist der Tag des Herrn	Uhland.	Kreuzer.	39
Das Wandern ist des Müllers Lust	Müller.	Zöllner.	109
Der Abend senkt sich leise	Andersen.	Volkmann.	91
Der Frühling strahlt durch	?	Abt.	2
Der Lenz ist angekommen	A. b. Kn. Wunderh.	Stiehl.	85
Der Mai ist gekommen	Geibel.	Volksweise.	92
Der Mond ist aufgegangen	Claudius.	Hauptmann.	26
Der Morgen zieht die Welt	Schanz.	Obersteiner.	68
Der Sommer kam auf's neue	Starke.	Nägeli.	66
* Der Tag will nun sich neigen	Muth.	Müller, H.	62
Deutschland, Deutschland über	Hoffmann v. F.	Haydn.	27
Die Abendglocken klingen	Leuthi.	Abt.	5
Die Blümlein alle schlafen	Waldbrühl.	Volksweise.	93
Die Sonn erwacht! Mit	Wolff.	Weber.	101
Die Sterne sind erblichen	Hoffmann v. F.	Liszt.	49
Die Welt ist schön, die	?	Abt.	4
Dort unten in der Mühle	Kerner.	Glück.	25
Drauß ist alles so prächtig	Volkslied.	Volksweise.	94
Du junges Grün	Kerner.	Möhring.	57
Du Schwert an meiner Linken	Körner.	Weber.	99
Es braust ein Ruf	Schneckenburger.	Wilhelm.	107
Es geht bei gedämpfter	Chamisso.	Silcher.	82
Es ist bestimmt in Gottes Rat	Feuchtersleben.	Mendelsf.-Barth.	56
Es klingt ein heller Klang	Schenkendorf.	Nägeli.	65
Es liegt ein Weiler fern im Grund	Hermes.	Hermes.	30
Es murmeln die Wellen	Görres.	Weber.	102
Fahr wohl, du gold'ne Sonne	Rückert.	Beethoven.	8
Froh, wie die Libell am Teich	Löwenstein.	Hiller.	34
Heiterkeit und leichtes Blut	(Kanon.)	Mozart.	59
Heut ist ein schöner Tag	Nauborn.	Hiller.	32
* Hoch auf dem Berge	Oberrn.	Widebe.	105
Ich stand auf Bergeshalde	Rückert.	Volksweise.	95
Ich weiß nicht, was soll es	Heine.	Silcher.	88
Ihr lichten goldnen Sterne	Sußmann.	Nägeli.	67
Im Fliederbusch ein Vögelein	Reinick.	Weichelt.	103
* Im Thale steht ein Kirchlein	Muth.	Debois.	12
Kurz ist der Schmerz	(Kanon.)	Beethoven.	9
Leise zieht durch mein Gemüt	Heine.	Mendelsf.-Barth.	51
Lieb' Blümelein, du blickst so	Schmidt.	Abt.	6
* Maienglöckchen läuten wieder	Hoffmann v. F.	Dienel.	17

Text-Anfänge.	Dichter.	Komponist.	Seite
Mein Herz ist im Hochland	Freiligrath.	Volksweise.	96
Nacht, o Nacht, du heilige	Sivert.	Chwatal.	11
Nun ade, mein lieb' Heimatland	Dissethoff.	Volksweise.	97
Nun ist der Frühling	Hoffmann v. F.	Heim.	29
Ob noch so leicht das Bündel	Millatzen.	Kuntze.	44
* O mein Röslein, muß	Muth.	Debois.	13
O sanfter, süßer Hauch	Uhland.	Silcher.	84
O sei gegrüßt, mein Vaterland	Reinick.	Ecker.	18
O sieh', wie sich heben	Altmann.	Müller, R.	63
O Thäler weit, o Höhen	Eichendorff.	Mendelssff.-Barth.	51
O Vogelsang, o Blumenduft	Köhn.	Ehlert.	19
O Winter, schlimmer Winter	Uhland.	Mendelssf.-Barth.	54
Sah ein Knab' ein Röslein	Göthe.	Werner.	104
* Schickt die Abendsonne	Hein.	Seiler.	80
Schlafe, holder, süßer Knabe	Claudius.	Schubert.	76
Schneeglöcklein klingen wieder	Hoffmann v. F.	Lachner.	45
Schon die Abendglocken	Braun v. Br.	Kreutzer.	38
Singe, wem Gesang gegeben	Uhland.	Stuntz.	86
So sei gegrüßt	Hoffmann v. F.	Schumann.	79
So viel der Mai auch	Hoffmann v. F.	Volksweise.	98
Still ist die Nacht	?	Mühling.	60
Ueber allen Gipfeln	Göthe.	Kuhlau.	43
Veilchen schlägt das blaue Auge	Vogt.	Vogelmann.	90
Vöglein, was singst du	Haugwitz.	Brähmig.	9
Vom Bodensee bis an den Belt	Hoffmann v. F.	Schletterer.	71
Von der Wartburg Zinnen	Cornelius.	Liszt.	47
Von dir Gebirg, ich scheiden	?	Tschirch, W.	89
Waldvögelein, wie singst	O. v. Redwitz.	Fischer.	21
Was glänzt dort vom Walde	Körner.	Weber.	100
Was schimmert dort	Hegner.	Kreutzer.	41
* Was singst du in den Zweigen	Altmann.	Müller, H.	61
Weit bin ich einher gezogen	Brentano.	Himmel.	35
Weit hinaus zum	Grunholzer.	Heim.	28
Wenn der Lenz beginnt	Franke.	Abt.	1
* Wenn es stille Nacht	Muth.	Debois.	15
Wenn ich den Wand'rer frage	Lenz.	Tschirch, R.	88
Wenn über unsern deutschen	Pfeil.	Müller, R.	64
Wer hat dich, du schöner Wald	Eichendorff.	Mendelssf.-Barth.	53
Wie schön bist du, freundliche	Mayrhofer.	Schubert.	77
* Willkommen, grüner	Stobbe.	Köhler.	86
Willkommen, mein Wald	Osterwald.	Franz.	24
Wo sind die Vögel hin?	Lua.	Rösporer.	87
Wo tief im Wald die Eiche	Görres.	Meißner.	50
* Straßburg auf der Schanz	A. d. Kn. Wunderh.	Silcher.	81

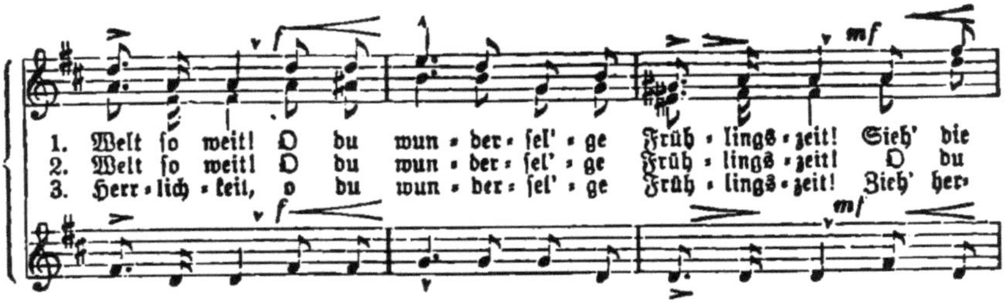
1. Welt so weit! O du wun = der = sel' = ge Früh = lings = zeit! Sieh' die
2. Welt so weit! O du wun = der = sel' = ge Früh = lings = zeit! O du
3. Herr = lich = keit, o du wun = der = sel' = ge Früh = lings = zeit! Zieh' her=

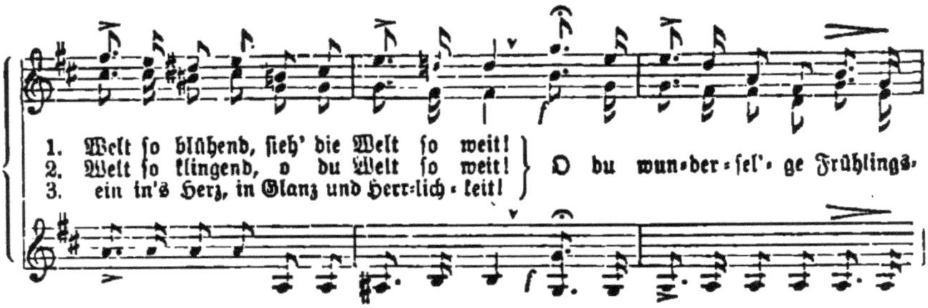
1. Welt so blühend, sieh' die Welt so weit!
2. Welt so klingend, o du Welt so weit!
3. ein in's Herz, in Glanz und Herr=lich = keit!
O du wun=der = sel' = ge Frühlings=

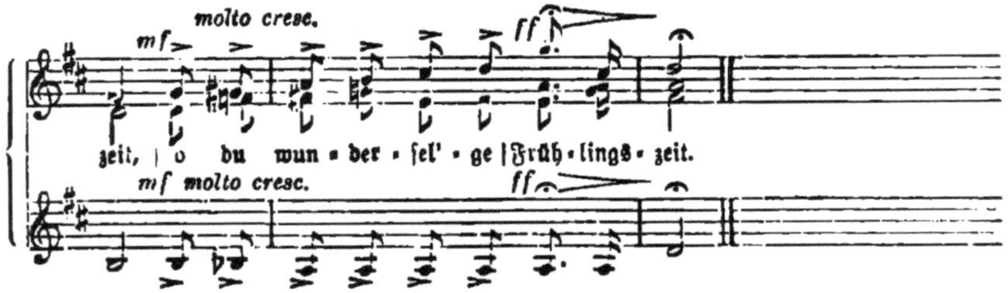
molto cresc.
zeit, o du wun = der = sel' = ge Früh = lings = zeit.
mf molto cresc.

2. Frühlingswonne.

Munter und gemütlich. (♩. = 63.) Aus Op. 82.*)

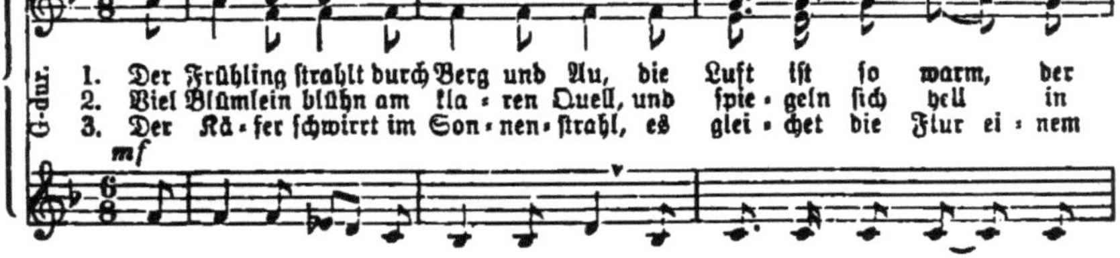
G-dur.
1. Der Frühling strahlt durch Berg und Au, die Luft ist so warm, der
2. Viel Blümlein blühn am kla = ren Quell, und spie = geln sich hell in
3. Der Kä = fer schwirrt im Son = nen = strahl, es glei = chet die Flur ei = nem

*) „Dreißig dreistimmige Jugendlieder." Verlag: Joh. André in Offenbach a. M.

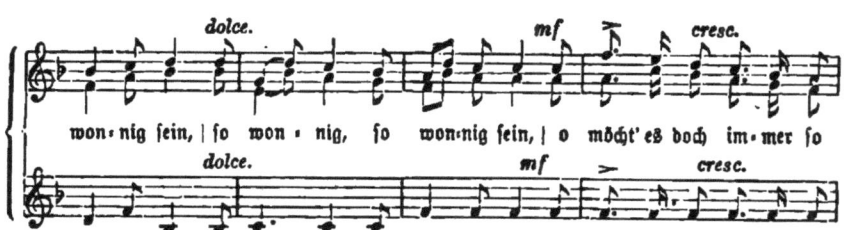

4. Abendglocken.

J. J. Lenthi. (1799—1855).   **Franz Abt.**

*) Original für vierst. Männerchor. Aus „Leichte Männerchöre", componirt von Mehreren, 2. Heft. Verlag von C. Glaser in Schleusingen.

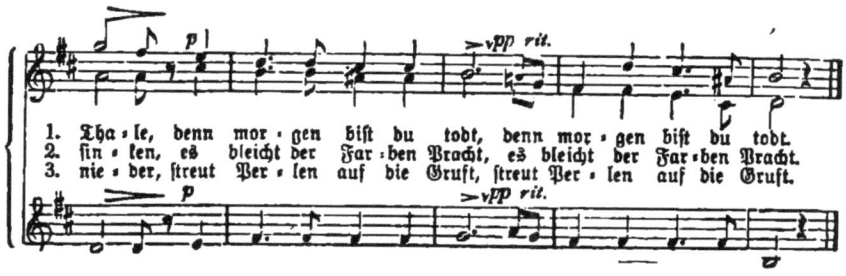

p
>pp rit.
1. Tha-le, denn mor-gen bist du todt, denn mor-gen bist du todt.
2. sin-ken, es bleicht der Far-ben Pracht, es bleicht der Far-ben Pracht.
3. nie-der, streut Per-len auf die Gruft, streut Per-len auf die Gruft.
p
>pp rit.

6. Abendlied.

A. H. Hoffmann v. Fallersleben. (1798—1874.)

Andante. (♪ = 69.) Ferd. Adam, † 1868 als Kantor in Leisnig.

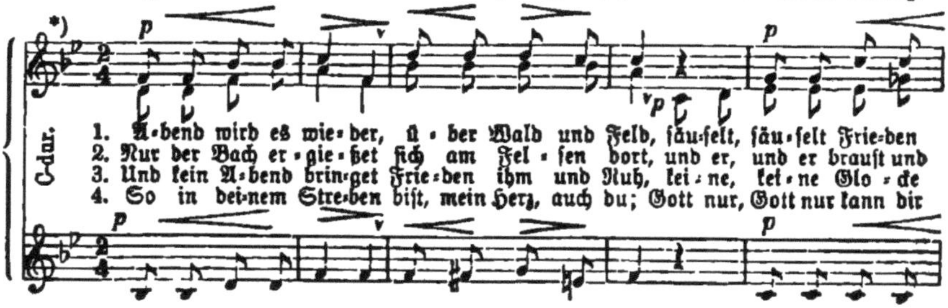
*)
p
p
C-dur.
1. A-bend wird es wie-der, ü-ber Wald und Feld, säu-selt, säu-selt Frie-den
2. Nur der Bach er-gie-ßet sich am Fel-sen dort, und er, und er braust und
3. Und kein A-bend brin-get Frie-den ihm und Ruh, kei-ne, kei-ne Glo-cke
4. So in dei-nem Stre-ben bist, mein Herz, auch du; Gott nur, Gott nur kann dir
p
p

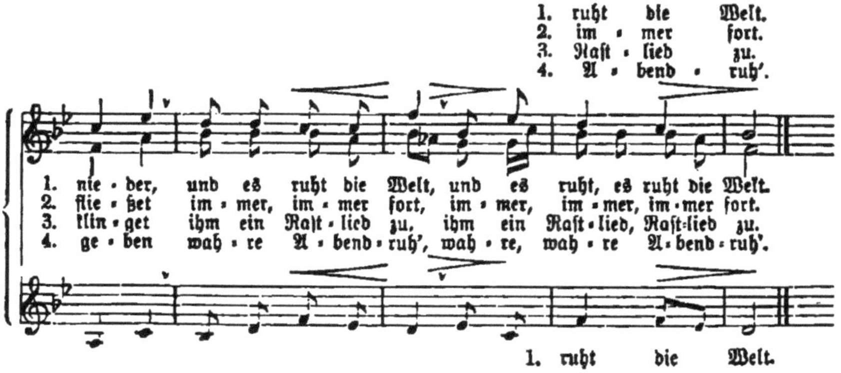
1. ruht die Welt.
2. im-mer fort.
3. Rast-lied zu.
4. A-bend-ruh'.
1. nie-der, und es ruht die Welt, und es ruht, es ruht die Welt.
2. flie-ßet im-mer, im-mer fort, im-mer, im-mer, im-mer fort.
3. klin-get ihm ein Rast-lied zu, ihm ein Rast-lied, Rast-lied zu.
4. ge-ben wah-re A-bend-ruh', wah-re, wah-re A-bend-ruh'.
1. ruht die Welt.

*) Original für fünfst. Männerchor. Verlag: Ad Bauer in Dresden

8. Kurz ist der Schmerz.

Kanon.*)

Mäßig. (♩ = 92.) L. v. Beethoven.

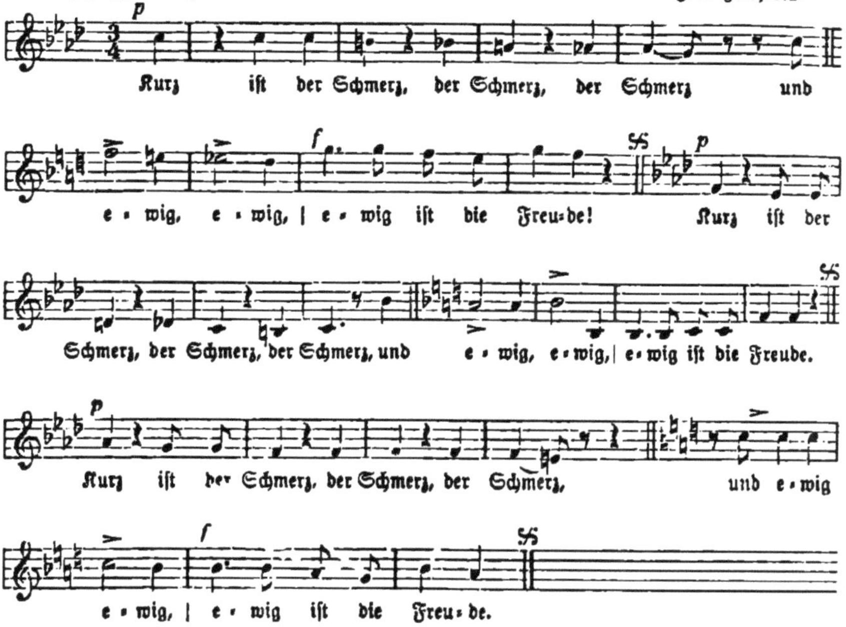
Kurz ist der Schmerz, der Schmerz, der Schmerz und
e - wig, e - wig, | e - wig ist die Freu-de! Kurz ist der
Schmerz, der Schmerz, der Schmerz, und e - wig, e-wig, | e-wig ist die Freude.
Kurz ist der Schmerz, der Schmerz, der Schmerz, und e-wig
e - wig, | e - wig ist die Freu - de.

9. Ich muß nun einmal singen.

O. v. Haugwitz.

B. Brähmig, geb. 1822, † 1872 als Seminarmusiklehrer in Detmold.

Mäßig. (𝅗𝅥. = 60.) (Aus dessen „Liederstrauß.“)**)

mf crescendo f
1. Vög - lein, was singst du im Wal - de so laut? Wa - rum?
2. Vö - ge - lein ist dir das Herz - chen so voll? Wo - von?
mf crescendo f
1. Wa - rum?
2. Wo - von?

*) Diesen Kanon schrieb Beethoven am 23. Nov. 1813 dem Universitäts-Musikdirektor J. F. Naue in Halle (geb. 1787, † 1858) in's Stammbuch.

**) „Auswahl heiterer und ernster Gesänge für Töchterschulen“ (4. Heft, Nr. 1). Verlag: C. Merseburger in Leipzig.

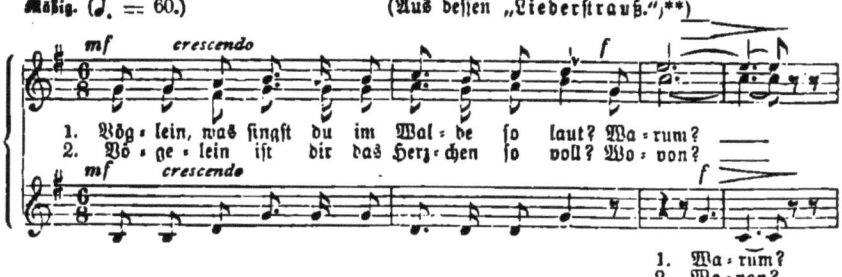

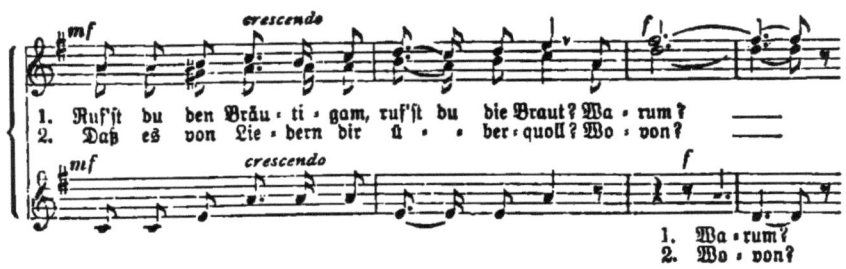

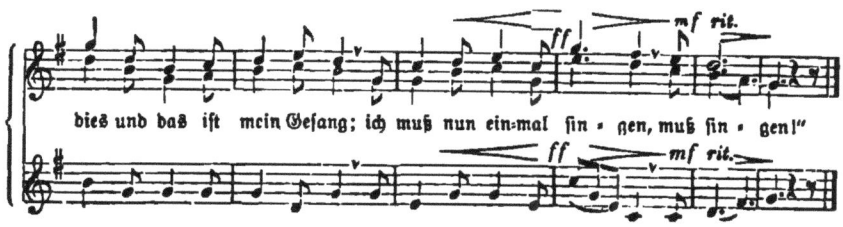

10. Nachtgesang.

Louis Sivert.

F. X. Chwatal,
geb. 1808, † 1879 als Gesanglehrer in Magdeburg.

*) Original für vierst. Männerchor. Verlag: Heinrichshofen in Magdeburg.

11. Das Kirchlein.*)
Franz Alfred Muth.

Ferd. Pebnis, Direktions-Sekretär
der mähr. Escomptebank in Brünn.

Langsam. (♩ = 72.)

---
*) Originalkomposition; zum ersten Mal hier gedruckt.

13. Stille Nacht.*)

Franz Alfred Muth.

Ferd. Jebois.

Wenn es stil - le Nacht will wer - ben, | schau'n die Stern-lein all' zur

Er - ben, | öff-nen sich des Himmels Pforten, | En-gel flie-gen al-ler Or-ten |

wie der Flie-der-duft im Win-de | je-der hin zu sei-nem Kin-de.

In den Ar-men lei-se, lei-se | trägt er's hin zum Sternen-krei-se, | wo in

*) Originalkomposition; zum ersten Mal hier gedruckt.

— 17 —

14. Maiengöckchen läuten wieder.*)

H. L. Hoffmann von Fallersleben (1798—1874).

Otto Tiertel, Organist an St. Marien und Musiklehrer am städtischen Schullehrer-Seminar in Berlin.

Munter. (♩ = 126.)

1. Mai-en-glöck-chen läu-ten wie-der, denn der Früh-ling zie-het
2. Und an ei-nes Ber-ges Hal-de schlägt er auf sein Kö-nigs-
3. Und die Mai-en-glöck-chen klan-gen nie-mals noch so hell und

1. ein, und der Vö-gel hel-le Lie-der bei-ßen ihn will-kom-men
2. zelt, und be-ruft aus Feld und Wal-de hin zu sich die Sän-ger-
3. laut, und die klei-nen Vög-lein san-gen nie-mals noch so hold und

1. sein. Und mit Son-nen-schein be-la-den und mit Blu-men-duft be-
2. welt. Und er spricht zu ih-nen al-len: Hört, ihr Sän-ger, groß und
3. traut. Wa-rum klin-gen doch die Lie-der und die Glöck-chen weit und

1. sä't na-het er von Got-tes Gna-den, er, des Frühlings Ma-je-
2. klein! Je-der fin-ge nach Ge-fal-len, frei soll al-les Sin-gen
3. breit? Ja, dem Früh-ling gilt es wie-der, mehr doch gilt's der Singfrei-

*) Originalkomposition; zum ersten Male hier gedruckt.

Seit, Liederperlen. Heft I.

15. O sei gegrüßt, mein Vaterland!

Robert Reinick (1805—1852.)

Karl Eder,*) geb. 1813, † 1879
als Musikdirektor in Freiburg i. Br.

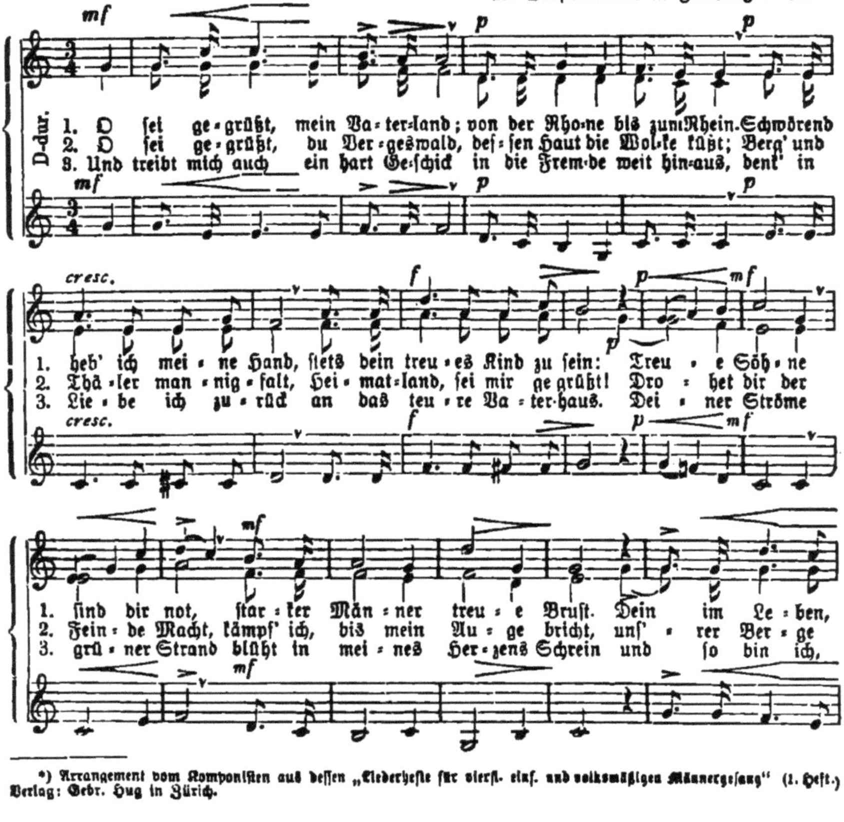

Etwas bewegt. (♩ = 92.)

1. O sei ge-grüßt, mein Va-ter-land; von der Rho-ne bis zum Rhein. Schwörend heb' ich mei-ne Hand, stets dein treu-es Kind zu sein: Treu-e Söh-ne sind bir not, star-ker Män-ner treu-e Brust. Dein im Le-ben,
2. O sei ge-grüßt, du Ber-gesward, beſ-ſen Haut die Wol-ke küßt; Berg' und Thä-ler man-nig-falt, Hei-mat-land, sei mir ge grüßt! Dro-het bir ber Fein-be Macht, kämpf' ich, bis mein Au-ge bricht, unſ'-rer Ver-ge
3. Und treibt mich auch ein hart Ge-ſchick in die Frem-be weit hin-aus, dent' in Lie-be ich zu-rück an das teu-re Va-ter-haus. Dei-ner Ströme grü-ner Strand blüht in mei-nes Her-zens Schrein und so bin ich,

*) Arrangement vom Komponisten aus deſſen „Liederhefte für vierſt. einf. und volksmäßigen Männergeſang" (1. Heft.) Verlag: Gebr. Hug in Zürich.

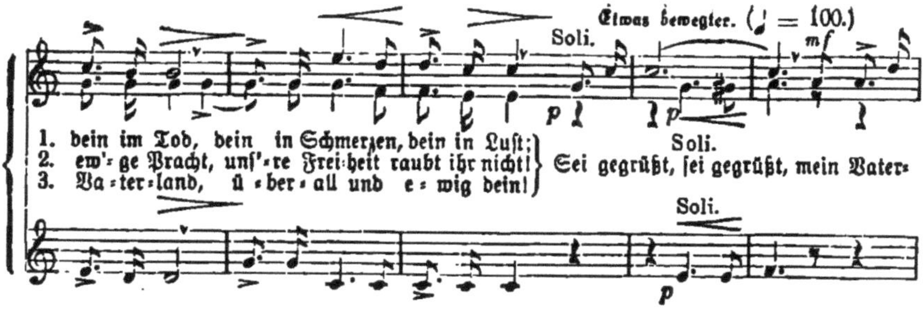

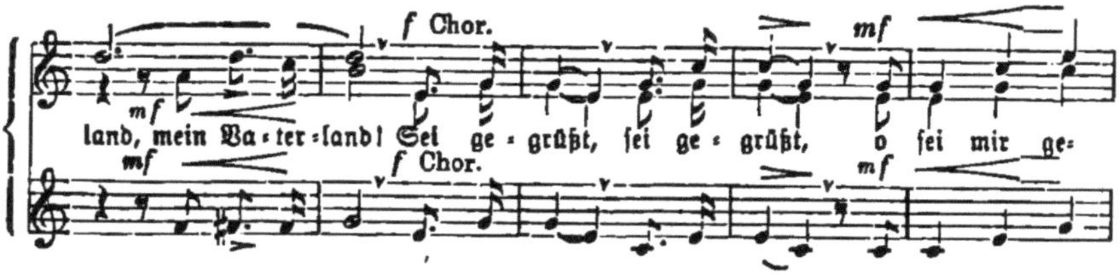

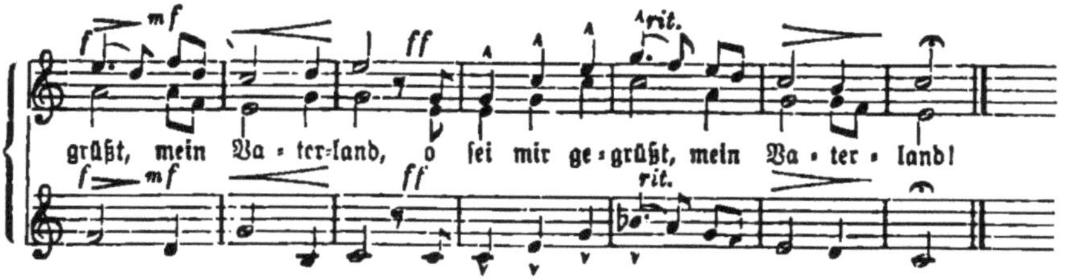

(Ursprünglicher Text Nr. 57 dieses Heftes.)

10. Herein!

Adalb. Köhn.

Leicht und munter. (♩ = 92.)

F. Ehlert,
Musiklehrer und Komponist in Berlin.

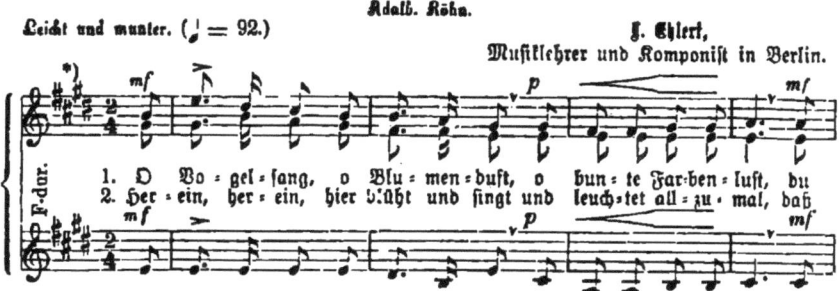

*) Aus „Zweites Volksgesangbuch für Knaben, Mädchen und Frauen". Herausgegeben von J. Heim. Verlag P. J. Fries in Zürich.

17. Ade, du lieber Tannenwald!

J. A. Beyl (1802—1867).
Heinr. Esser,
geb. 1818, † 1872 als Kapellmeister in Salzburg.

Etwas bewegt. (♩ = 112.)

*) p

1. A - de, du lie - ber Tannenwald, a - de, a - de! Wie tief die Scheibe-
2. A - de, du lie - bes Waldesgrün, a - de, a - de! Ihr Blümlein mögt' noch
3. Und scheid' ich auch auf Lebenslang, a - de, a - de! O Wald, o Fels, o

*) Original für Sopran, Alt, Tenor und Baß.

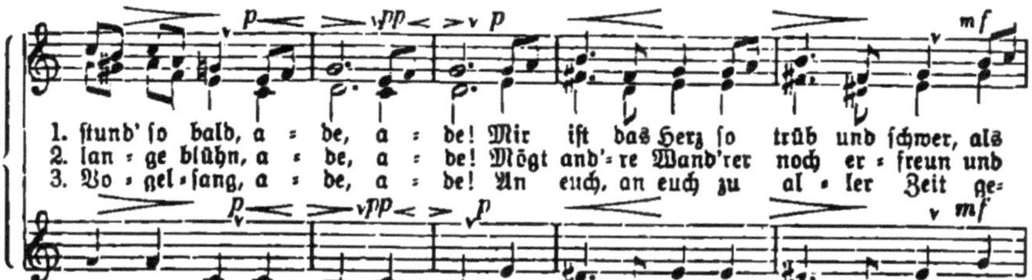

1. stunb' so balb, a = be, a = be! Mir ist das Herz so trüb und schwer, als
2. lan = ge blühn, a = be, a = be! Mögt anb're Wand'rer noch er = freun und
3. Vo = gel = sang, a = be, a = be! An euch, an euch zu al = ler Zeit ge=

1. rief's du siehst ihn nim=mer=mehr, a = be, a = be, bu lie = ber Tan=nen=walb, a=
2. ih = nen eu' = re Düf = te streu'n, a = be, a = be, du lie = bes Wal=des=grün, a=
3. ben = te ich in Freu=dig = feit, a = be, a = be, o Walb, o Vo = gel = sang, a=

1. be, a = be, bu lie = ber Tan=nen=walb, a = be, a = be!
2. be, a = be, bu lie = bes Wal=des=grün, a = be, a = be!
3. be, a = be, o Walb, o Vo = gel = sang, a = be, a = be!

18. Waldvögelein.

Oskar von Redwitz (1823.)

Karl Ludw. Fischer, geb. 1816, gest. 1877 als k. Hoffapellmeister in Hannover.

Allegretto quasi Andantino. (♩. = 60.)

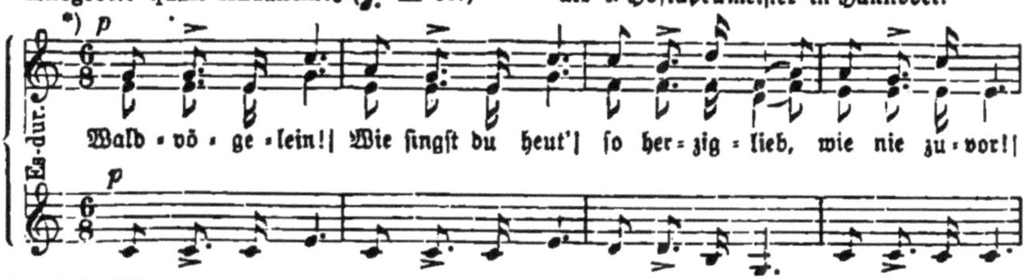

Walb = vö = ge = lein! Wie singst du heut'! so her = zig = lieb, wie nie zu = vor!

*) Aus „Männer-Terzette", gesammelt von Fr. L. Rubenbauer. Verlag: Fr. Pustet in Regensburg.

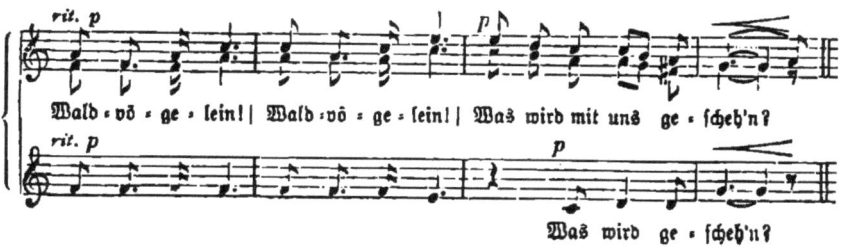

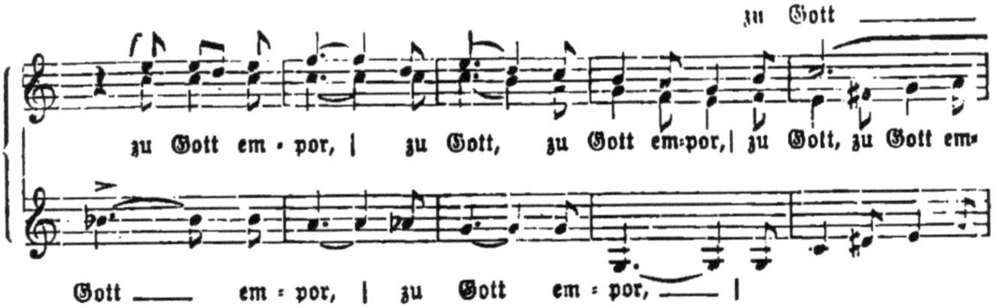
zu Gott
zu Gott em - por, | zu Gott, zu Gott em-por, | zu Gott, zu Gott em-
Gott em - por, | zu Gott em - por, |

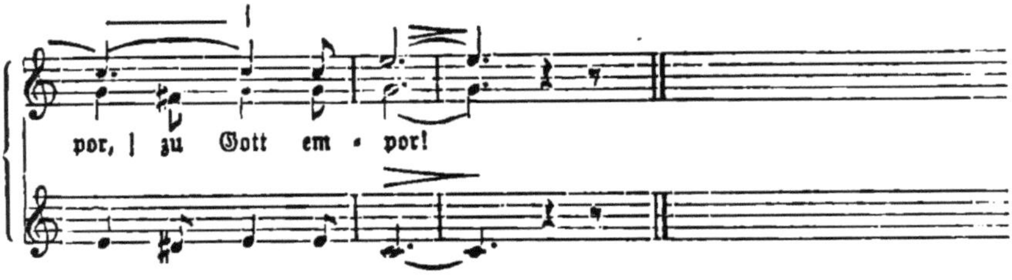
por, | zu Gott em - por!

19. Willkommen, mein Wald!

Wilh. Osterwald.

Rob. Franz, Dirigent der Singakademie, Organist und Musikdirektor in Halle.

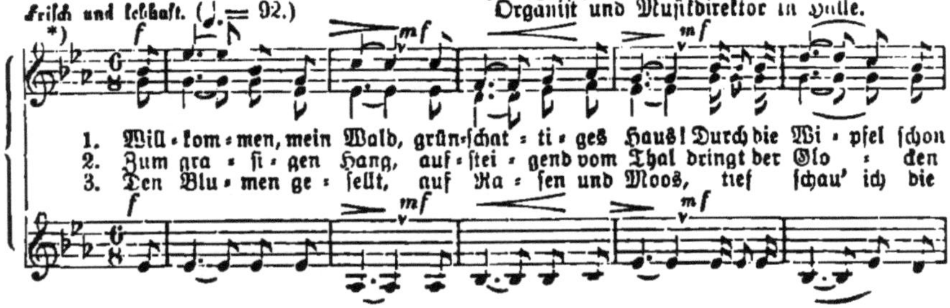
Frisch und lebhaft. (♩. = 92.)
*)
f
mf
1. Will-kom-men, mein Wald, grün-schat-ti-ges Haus! Durch die Wi-pfel schon
2. Zum gra-si-gen Hang, auf-stei-gend vom Thal dringt der Glo-cken
3. Den Blu-men ge-sellt, auf Ra-sen und Moos, tief schau' ich die

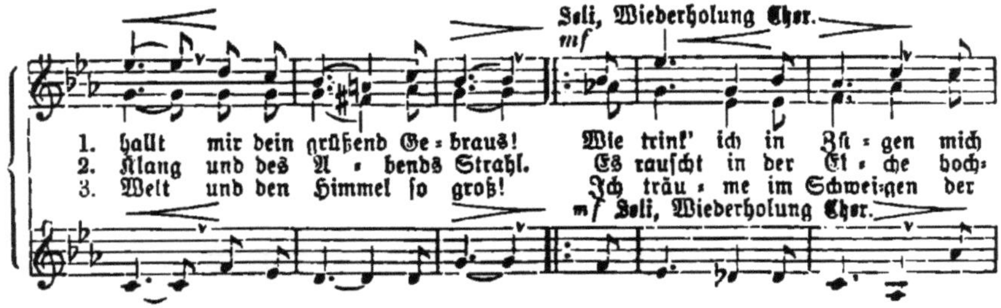
Soli, Wiederholung Chor.
mf
1. hallt mir dein grüßend Ge-braus! Wie trink' ich in Zü-gen mich
2. Klang und des A-bends Strahl. Es rauscht in der Ei-che hoch-
3. Welt und den Himmel so groß! Ich träu-me im Schweigen der
mf Soli, Wiederholung Chor.

*) Aus „Zweites Volksgesangbuch für Knaben, Mädchen und Frauen," Herausgegeben von J. Heim. Verlag: P. J. Fries in Zürich.

— 26 —

1. Rä-ber-spie-le und sah den Was-sern zu.
2. lan-ge We-ge in ei-nen Tan-nen-baum.
3. Ja-fern be-bend, sang die-se Wor-te sie:
4. ben die Wun-be mir bringt in's Herz hi-nein.
5. Schoß der Er-ben ein Schrein zur lan-gen Ruh'l"
6. wollt' ich lal-len, da ging das Rad nicht mehr.

21. Abendlied.

Math. Claudius. (1740—1815).

M. Hauptmann, geb. 1792, † 1868
als Kantor und Musikdirektor der Thomasschule in Leipzig.
Aus Op. 35.*)

Mäßig. (♩ = 80.)

Es-dur.

1. Der Mond ist auf-ge-gan-gen, die gold'nen Sternlein pran-gen am
2. Wie ist die Welt so still-le und in der Dämm'rung Hül-le so
3. Seht ihr den Mond dort ste-hen? Er ist nur halb zu se-hen und
4. Laß, Gott, dein Heil uns schau-en, auf dich nur laß uns bau-en, nicht

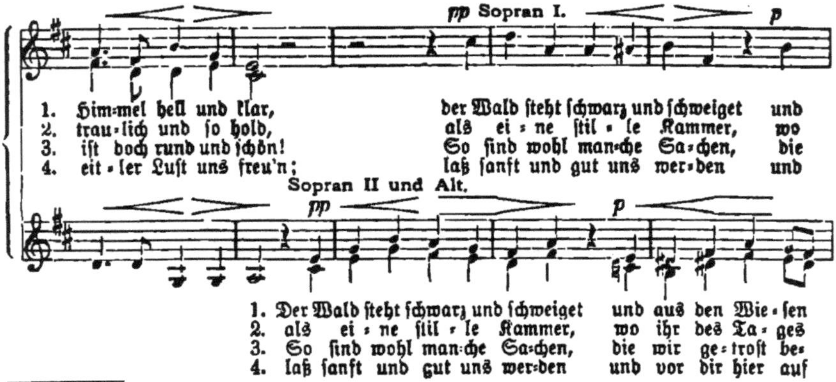

pp Sopran I.

1. Him-mel hell und klar, der Wald steht schwarz und schweiget und
2. trau-lich und so hold, als ei-ne stil-le Kammer, wo
3. ist doch rund und schön! So sind wohl man-che Sa-chen, die
4. eit-ler Luft uns freu'n; laß sanft und gut uns wer-ben und

Sopran II und Alt.

pp

1. Der Wald steht schwarz und schweiget und aus den Wie-sen
2. als ei-ne still-le Kammer, wo ihr des Ta-ges
3. So sind wohl man-che Sa-chen, die wir ge-trost be-
4. laß sanft und gut uns wer-ben und vor dir hier auf

*) Sechs Gesänge für 2 Soprane und Alt.

1. aus den Wie-sen stei-get der wei-ße Ne-bel wun-der-bar.
2. ihr des Ta-ges Jam-mer in sanf-ter Ruh' ver-ges-sen sollt.
3. wir ge-trost be-la-chen, weil unf're Au-gen sie nicht seh'n.
4. vor dir hier auf Er-den wie Kin-der fromm und fröh-lich sein.

1. stei-get der wei-ße Ne-bel wun-der-bar.
2. Jam-mer in sanf-ter Ruh' ver-ges-sen sollt.
3. la-chen, weil unf'-re Au-gen sie nicht seh'n.
4. Er-den wie Kin-der fromm und fröh-lich sein.

22. Das Lied der Deutschen.

A. H. Hoffmann von Fallersleben (1798—1874).

Jos. Haydn,
geb. 1732, † 1809 als fürstl. Kapellmeister in Wien.

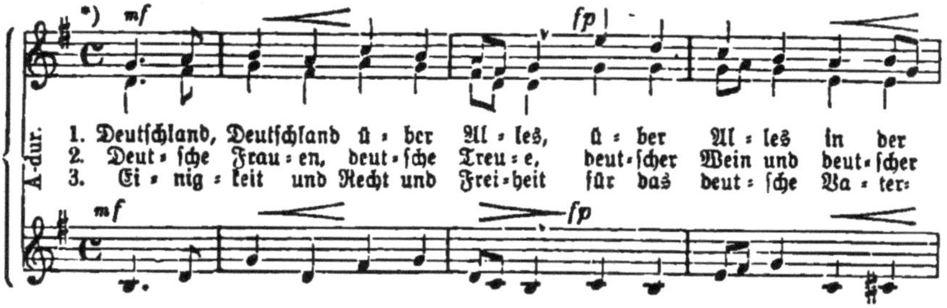

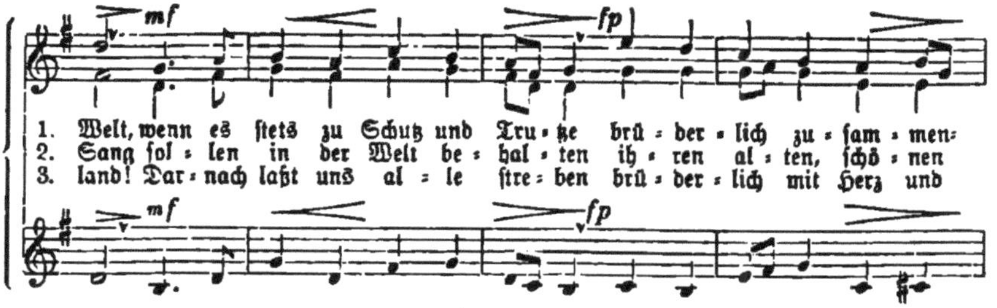

Mäßig langsam. (♩ = 69.)

1. Deutschland, Deutschland ü-ber Al-les, ü-ber Al-les in der
2. Deut-sche Frau-en, deut-sche Treu-e, deut-scher Wein und deut-scher
3. Ei-nig-keit und Recht und Frei-heit für das deut-sche Va-ter-

1. Welt, wenn es stets zu Schutz und Trutze brü-der-lich zu-sam-men-
2. Sang sol-len in der Welt be-hal-ten ih-ren al-ten, schö-nen
3. land! Dar-nach laßt uns al-le stre-ben brü-der-lich mit Herz und

*) Melodie: Österreichische Volkshymne „Gott erhalte Franz, den Kaiser."

— 28 —

1. hält, von der Maas bis an die Me-mel, von der Etsch bis an den Belt.
2. Klang, uns zu ed-ler That be-gei-stern un-ser gan-zes Le-ben lang.
3. Hand! Ei-nig-keit und Recht und Frei-heit sind des Glü-ckes Un-ter-pfand.

1. Deutschland, Deutschland ü-ber Al-les, ü-ber Al-les in der Welt!
2. Deut-sche Frau-en, deut-sche Treu-e, deut-scher Wein und deutscher Sang!
3. Blüh' im Glan-ze die-ses Glü-ckes, blü-he, deut-sches Va-ter-land!

23. Heimwärts.
H. Grunholzer (1819.)

J. Heim,*) geb. 1818, † 1878 als Musikdirektor in Zürich.

Innig. (♩ = 84.)

C-dur.

1. Weit hin-aus zum Mee-res-stran-de blü-het Got-tes Welt so schön; doch mir
2. Auf den wei-ten gold'nen Au-en, in dem stil-len, ern-sten Wald, al-te
3. Schö-ner Strom im A-bend-schei-ne, grü-ßend fol-get dir mein Blick; doch mich
4. Freundlich leuch-tet von den Türmen mir der Kreu-ze gold'ner Schein, doch es

1. blüht das al-ler-lieb-ste nur auf je-nen fer-nen Höh'n. Sehr zart.
2. Won-ne möcht' er wa-chen, doch er-lischt sie mir so bald. Nach den
3. zieht ein schmerz-lich Seh-nen bei-nen wei-ten Weg zu-rück.
4. schlie-ßet, was ich lie-be, ei-ne klei-ne Hüt-te ein. Soli. Sehr zart.

*) Aus dessen: „Sammlung von 3- und 4stimmigen Volksgesängen." Verlag: P. J. Fries in Zürich.

24. Frühlingswanderlust.

H. H. Hoffmann v. Fallersleben (1798—1874.)

Lebhaft und heiter. (♩ = 104.)

J. Heim.*)

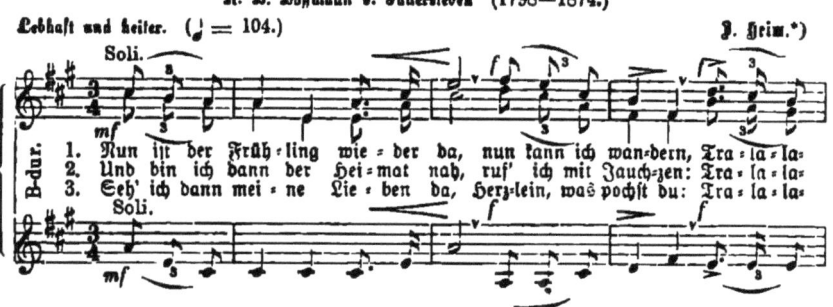

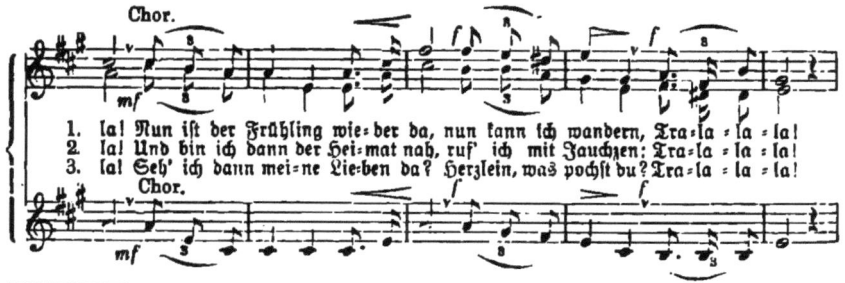

*) Aus dessen: „Zweites Volksgesangbuch für Knaben, Mädchen und Frauen." Verlag: F. J. Fries in Zürich.

32. Ein Sommertag.

Konr. Hofmann von Hanborn.

Dr. Ferd. Hiller,*)
Kapellm. u. Direktor des Konservatoriums in Köln.

*) Aus: „Dratsches Liederbuch" rc. (II. Teil) von Chr. H. Lübcke. Verlag: Sieglsmund und Volkening in Leipzig.

27. Frohsinn.

R. Löwenstein (1819).

Melodie von Ferd. Hiller.

Munter. (♩ = 104).

1. Froh, wie die Li-bell am Teich, froh sein macht leicht und reich, braucht nicht zu
2. Froh im Bäch-lein ist der Fisch, froh sein macht rasch und frisch, scher-zend und
3. Froh ist Vo-gel in dem Nest, froh sein ist's al-ler-best'; sanft sich zu
4. Froh, wie lie-be En-ge-lein, froh will ich im-mer sein: was mir be-

1. bor-gen, braucht nicht zu sor-gen, le-bet von Licht und Luft, le-bet von
2. mun-ter, auf und hin-un-ter taucht er im Was-ser schnell, labt sich an
3. wie-gen, ju-belnd zu flie-gen, sin-gend bald hier und dort, glück-lich an
4. schie-ben, nehm' ich zu-frie-den, Schmerzen und Sorg' und Müh' kom-men ja

1. Frohsinn, Frohsinn,

1. Blu-men-duft, Froh-sinn, Froh-sinn macht reich.
2. je-der Quell, Froh-sinn, Froh-sinn macht frisch.
3. je-dem Ort! Froh-sinn ist's al-ler-best'!
4. stets und früh. Froh-sinn! Froh will ich sein!

29. **Gruß an den Meeresstrand.***)
Aug. Stobbe.

J. Köhler, Direktor einer Musikschule in Königsberg i. Pr.

1. Will-kom-men, grü-ner Mee-res-strand! ver-nimm mein freu-dig
2. Du, Meer, singst mei-ner Ju-gend Lied, laß bei-nem Sang mich

1. Grü-ßen, bich schmückt des Frühlings Fest-gewand, an's Herz möcht' ich bich
2. lau-schen, wie bringt so tief mir in's Gemüt, bein Klin-gen und bein

1. schlie-ßen. Du lie-bes, blau-es Himmels-zelt, ihr Schluchten und ihr Hö-hen, o
2. Rau-schen! Die Son-ne schaut mich freundlich an durchs bunkle Laub der Bäu-me; ach,

1. hei-mat-li-che, trau-te Welt, o fro-hes Wie-der-se-hen! —
2. baß ich nicht ver-gesen kann ber Jugend hol-de Träu-me! —

*) Originalkomposition; zum ersten Mal hier gedruckt.

30. Wo sind die Vögel hin?

A. L. Ess.

J. B. Köpperer,
k. Musiklehrer in Freising

Allegretto. (♩ = 96.)

1. Wo sind die Vö-gel hin? wo sind die Vö-gel hin? Ein
2. Wo sind die Blu-men hin? wo sind die Blu-men hin? Wo
3. Wo sol-len wir denn hin? wo sol-len wir denn hin? Wir

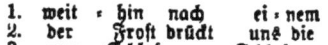

1. weit-hin,
2. der Frost,
3. zum Schlaf,

1. Vo-gel sprach zum an-dern: „Komm mit, wir wol-len wan-dern, weit-
2. sich die Blu-men tra-fen, da sprachen sie: „Kommt schla-fen, der
3. blei-ben noch auf Er-den, bis wir ge-ru-fen wer-den zum

1. weit-hin nach ei-nem
2. der Frost drückt uns die
3. zum Schlaf, zum Schlaf von

1. hin, weit-hin nach ei-nem an-dern Ort." Da zo-gen al-le, al-le fort!
2. Frost, der Frost drückt uns die Au-gen zu." Und gin-gen al-le, all' zur Ruh'!
3. Schlaf, zum Schlaf, zum Schlaf vom sü-ßen Tod. Wir wachen auf und sind bei Gott!

*) Aus „Männer-Terzette", gesammelt von F. X. Rubenbauer, Verlag: Fr. Pustet in Regensburg.

31. Abendgesang.

K. J. Braun von Braunthal (1802).
Conr. Kreuzer, geb. 1782, † 1849 als Hofkapellmeister in Riga.
(Aus der Oper: „Das Nachtlager von Granada.")

*) Original für Sopran, Alt, Tenor und Baß.

— 39 —

32. Schäfers Sonntagslied.
L. Uhland (1787—1862.)

F. Kreutzer.

*) Original für 4 Männerstimmen. Verlag: B. Schott's Söhne in Mainz.

33. Die Kapelle.
J. J. Segner.   K. Kreutzer.

*) Original für vierst. Männerchor. Verlag: B. Schott's Söhne in Mainz.

30. Schneeglöcklein klingen wieder.

H. L. Hoffmann von Fallersleben (1798—1874).

Franz Lachner, k. k. Generalmusikdirektor a. D. in München.
Aus Op. 80*)

*) 6 Gesänge f. drei Frauenstimmen mit Pianofortebegleitung.

mf
f
o laßt, o laßt den Kö - nig ein!
mf
f

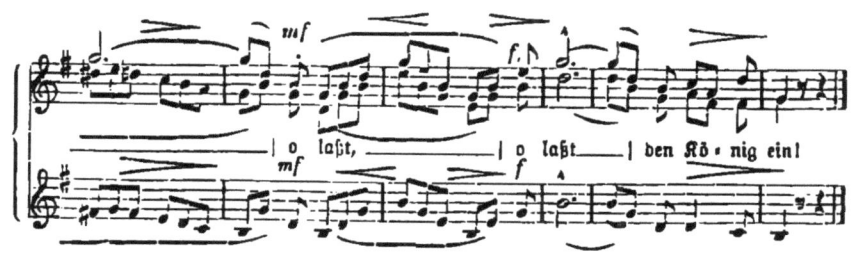

37. Weimar's Volkslied.

Peter Cornelius (1824—1874.)

Dr. Franz Liszt,
früher Dirigent der großherz. Kapelle in Weimar.

Frisch und kräftig. (♩ = 108.)

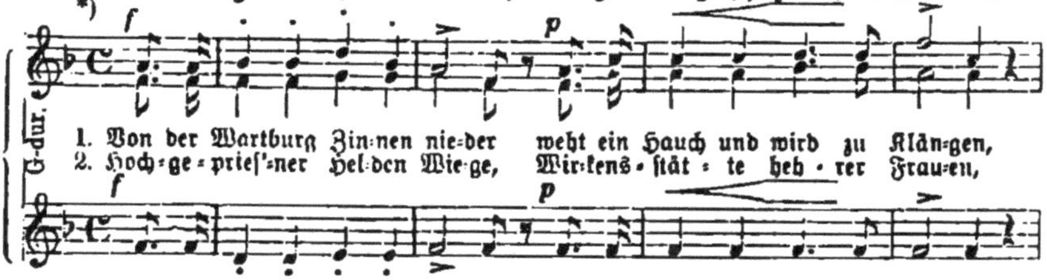
*)
f
p
G-dur.
1. Von der Wartburg Zin-nen nie-der weht ein Hauch und wird zu Klän-gen,
2. Hoch-ge-pries'-ner Hel-den Wie-ge, Wir-kens-stät-te heh-rer Frau-en,
f
p

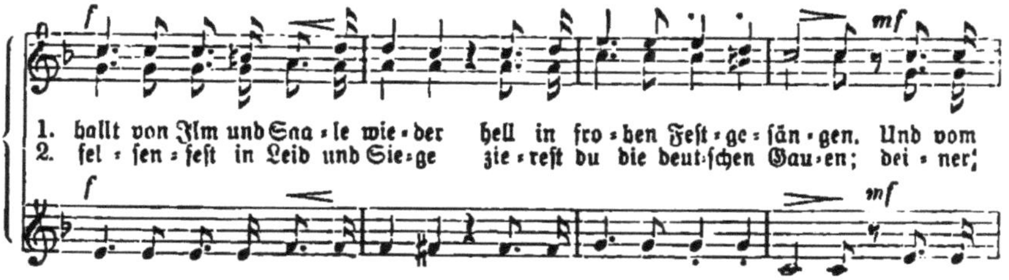
f
mf
1. hallt von Ilm und Saa-le wie-der hell in fro-hen Fest-ge-sän-gen. Und vom
2. fel-sen-fest in Leid und Sie-ge zie-rest du die deut-schen Gau-en; dei-ner
f
mf

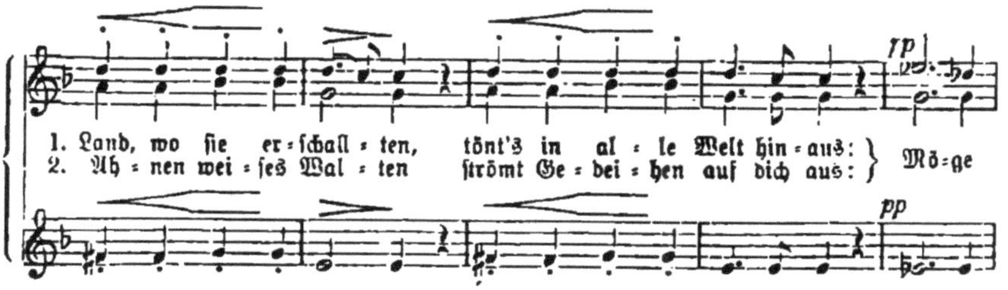
pp
1. Land, wo sie er-schall-ten, tönt's in al-le Welt hin-aus:
2. Ah-nen wei-ses Wal-ten strömt Ge-dei-hen auf dich aus:
Mö-ge
pp

*) In dieser Bearbeitung entnommen aus: „Mädchenlieder." Unter Mitwirkung von Hoffmann v. Fallersleben und Dr. Fr. Liszt herausgeben von A. Bräunlich und W. Gottschalg." Weimar bei Herm. Böhlau. Original für 1 Singstimme. Verlag: J. F. Kühn in Weimar.

— 49 —

38. Morgenlied.

H. H. Hoffmann von Fallersleben (1798—1874).

Dr. Franz Liszt.

40. Frühlingsgruß.

Heinrich Heine. (1799—1856.)

F. Mendelssohn-Bartholdy, geb. 1809, † 1847 als Direktor des Konservatoriums ꝛc. in Leipzig.
Nr. 5 aus Op. 19.*)

*) „Sechs Gesänge für eine Singstimme mit Pianofortebegleitung."

41. Im Walde.

J. v. Eichendorff (1788—1857.)

F. Mendelssohn-Bartholdy.
Nr. 3 aus Op. 59.*)

*) „Sechs vierst. Lieder für Sopran, Alt, Tenor und Baß"; Frau Henr. Benecke zugeeignet.

4*

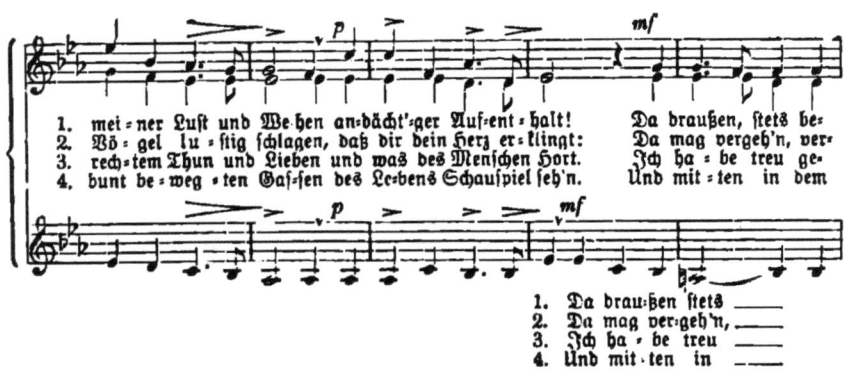

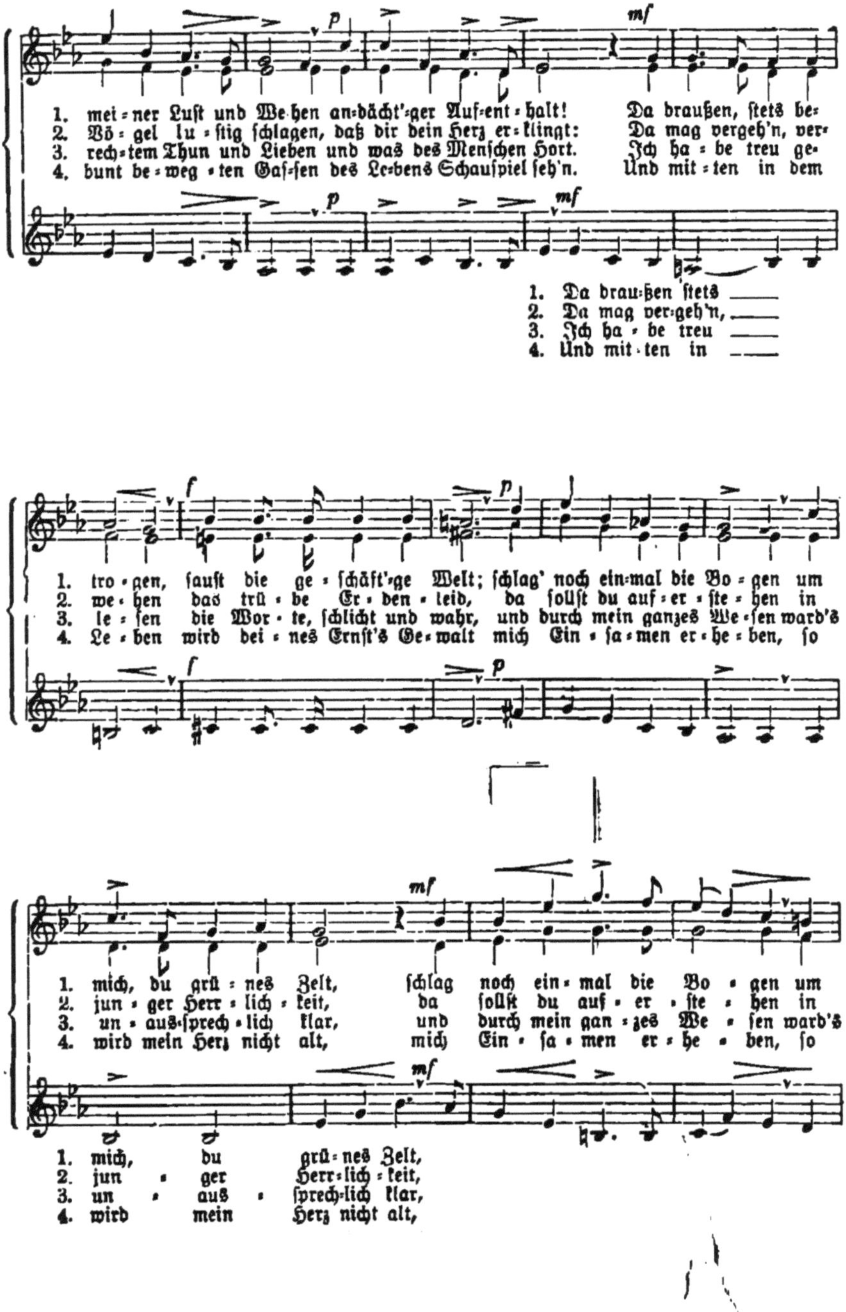
p
mf
1. mei=ner Luſt und We=hen an=dächt'=ger Auf=ent=halt! Da braußen, ſtets be=
2. Vö=gel lu=ſtig ſchlagen, daß dir dein Herz er=klingt: Da mag vergeh'n, ver=
3. rech=tem Thun und Lieben und was des Menſchen Hort. Ich ha=be treu ge=
4. bunt be=weg=ten Gaſ=ſen des Le=bens Schauſpiel ſeh'n. Und mit=ten in dem
1. Da brau=ßen ſtets
2. Da mag ver=geh'n,
3. Ich ha=be treu
4. Und mit=ten in
f
1. tro=gen, ſauſt die ge=ſchäft'=ge Welt; ſchlag' noch ein=mal die Bo=gen um
2. we=hen das trü=be Er=den=leid, da ſollſt du auf=er=ſte=hen in
3. le=ſen die Wor=te, ſchlicht und wahr, und durch mein ganzes We=ſen ward's
4. Le=ben wird dei=nes Ernſt's Ge=walt mich Ein=ſa=men er=he=ben, ſo
1. mich, du grü=nes Zelt, ſchlag noch ein=mal die Bo=gen um
2. jun=ger Herr=lich=keit, da ſollſt du auf=er=ſte=hen in
3. un=aus=ſprech=lich klar, und durch mein gan=zes We=ſen ward's
4. wird mein Herz nicht alt, mich Ein=ſa=men er=he=ben, ſo
1. mich, du grü=nes Zelt,
2. jun=ger Herr=lich=keit,
3. un=aus=ſprech=lich klar,
4. wird mein Herz nicht alt,

42. Abschied vom Walde.
J. v. Eichendorff (1788—1857).
F. Mendelssohn-Bartholdy. Op. 50, Nr. 2.*)

*) Original für vierst. Männerchor mit Hörnerbegleitung. Verlag: Fr. Kistner in Leipzig.

43. Winter und Sommer.

Ludwig Uhland (1787—1862).

Nach F. Mendelssohn-Bartholdy.
Nr. 3 aus Op. 88*)

*) Sechs Lieder für Sopran, Alt, Tenor und Baß.

44. Gottes Rat und Scheiden.
E. von Feuchtersleben. (1806—1849.)
F. Mendelssohn-Bartholdy.
Nr. 4 aus Op. 47.*)

1. Es ist bestimmt in Gottes Rat, daß man vom liebsten, was man hat, muß scheiden, muß scheiden; wiewohl doch nichts im Lauf der Welt dem Herzen, ach, so sauer fällt, als Scheiden, als Scheiden, ja Scheiden!
2. So dir geschenkt ein Knösplein was, so thu' es in ein Wasserglas, doch wisse, doch wisse: Blüht morgen dir ein Röslein auf, es welkt wohl schon die Nacht darauf; das wisse, das wisse, ja wisse!
3. Hat Gott dir einen Freund beschert und hältst du ihn recht innig wert, den Deinen, den Deinen, es wird nur wenig Zeit wohl sein, dann läßt er dich sogar allein; dann weine, dann weine, ja weine!
4. Nun mußt du mich auch recht versteh'n, nun mußt du mich auch recht versteh'n: Wenn

*) 6 Lieder für 1 Singstimme mit Pianofortebegleitung.

45. Erstes Grün.
Juſt. Kerner. (1786—1862.)
Ferd. Möhring,
Komponiſt ꝛc. in Wiesbaden.
Nr. 2 aus Op. 30, Heft 1.*)

Mäßig. (♩ = 80.)

*) „Lieder und Geſänge für gemiſchten Chor, für Geſangvereine, Gymnaſien, Realſchulen". Verlag: C. Glaſer in Schleuſingen.

— 58 —

46. Bund der Freundschaft.
(?)

W. A. Mozart,
geb. 1756 in Salzburg, † 1791 in Wien.

Andante. (♩ = 92)

*) mf

G-dur.

1. Brü-der, reicht die Hand zum Bun-de! Die-se schö-ne Freundschafts-
   (Rei-chet all')
2. Preis und Dank dem Wel-ten-mei-ster, der die Her-zen, der die
3. Ihr, auf die-sem Stern die Be-sten, Menschen all' im Ost und

1. stun-de führ' uns hin zu lich-ten Höhn'! Laßt, was ir-disch
2. Gei-ster für ein e-wig Wir-ken schuf! Licht und Recht und
3. We-sten, wie im Sü-den und im Nord! Wahr-heit su-chen,

*) Original für 4stimmigen Männerchor.

— 59 —

47. Heiterkeit und leichtes Blut ꝛc.
Kanon.

W. A. Mozart.

48. Abendlied.

(?)

Jngst Mühling, *)

geb. 1782, † 1847 als Musikdirektor in Magdeburg.

1. in sanf - ter Pracht
2. das Lust und Schmerz
3. weckst nur den Schall

Etwas langsam. (♪ = 72)

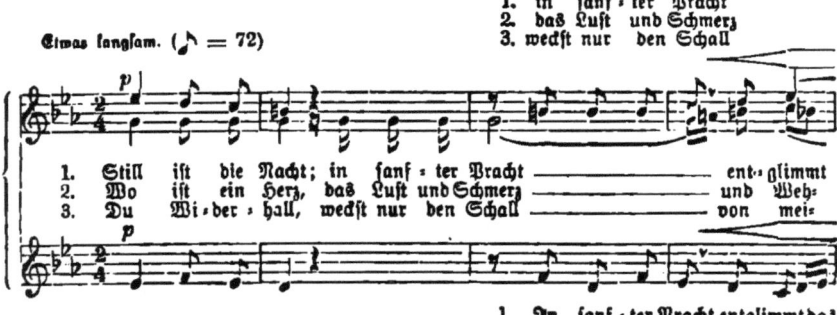

1. Still ist die Nacht; in sanf - ter Pracht ──── ent - glimmt
2. Wo ist ein Herz, das Lust und Schmerz ──── und Weh-
3. Du Wi - der - hall, weckst nur den Schall ──── von mei-

1. In sanf - ter Pracht entglimmt das

1. ich steh' al - lein ──── im
2. und gern bei mir, ── im
3. doch nie-mand bringt ──── mir

1. das Heer der Ster - ne; ich steh' ──── al - lein im
2. mut mit mir tei - let? und gern ──── bei mir, im
3. nen Kla - gen wie - der! doch nie - - - mand bringt mir

1. Heer ──── der Ster - ne; ich steh' al - lein ── im

*) Aus „Liederbuch für Mädchenschulen" (3. Heft; dreist. Lieder) von Selmar Müller. Verlag von A. Holle in Wolfenbüttel

1. vor zum Him = mels = zelt.
2. mei = ner Lie = be Stern?
3. mehr, denn Son = nen = schein.
4. auf, du lich = ter Stern!

51. Der Blumen Auferstehn.
Jul. Altmann (1814—1873).

Gemäßigt. (♪ = 108.)   Rich. Müller,
k. Musikdirektor in Leipzig. Nr. 5 aus Op. 30.*)

1. O sieh', wie sich he = ben im lieb = li = chen Mai die Blu=men und
2. Und Men = schen=blu = men auch blüh'n und ver=blüh'n, wie Blu=men des

1. Sträucher so frisch und so frei! Was einst, ach! ver = welk = te des To=des be=
2. Fel = des und Wal = des=grün, und wer=den wie Blu=men auch auf = er=

1. wußt, nun blüht es von neu = em em = por mit Lust, nun blüht es von
2. steh'n, d'rum hof = fe, mein Herz! auf ein Wie = der = seh'n, drum hof = fe, mein

---
*) „Zwölf dreist. Chorlieder (2 Soprane und Alt) für höhere Schulen." Verlag: Fr. Brandstetter in Leipzig.

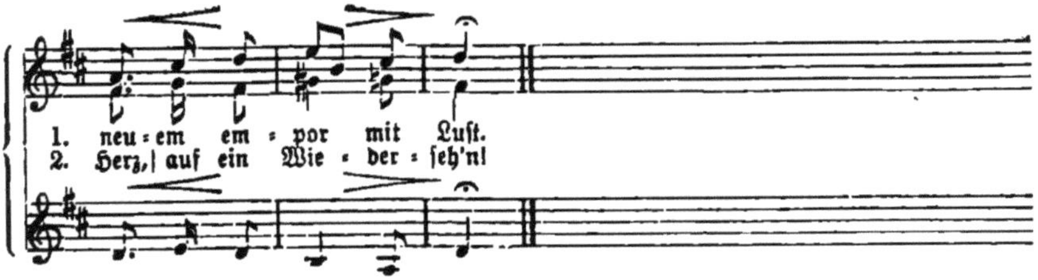
1. neu = em em = por mit Lust.
2. Herz, | auf ein Wie = der = seh'n!

52. Wir bleiben treu!

Heinrich Pfeil in Leipzig.

Rich. Müller.

Bestimmt und ernst. (♩ = 92.) Nr. 12 aus Op. 30. *)

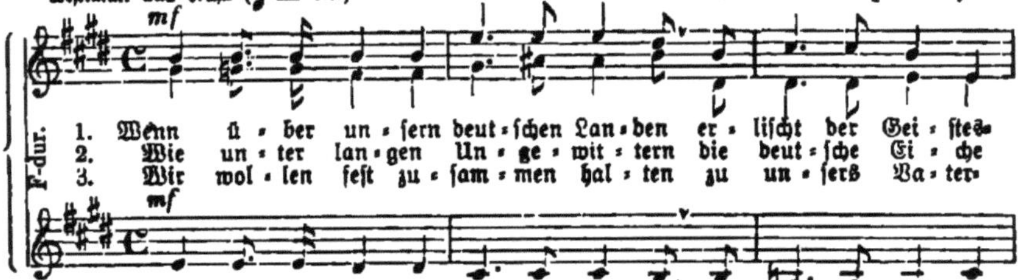
mf
F-dur.
1. Wenn ü = ber un = sern deut = schen Lan = den er = lischt der Gei = stes=
2. Wie un = ter lan = gen Un = ge = wit = tern die deut = sche Ei = che
3. Wir wol = len fest zu = sam = men hal = ten zu un = sers Va = ter=
mf

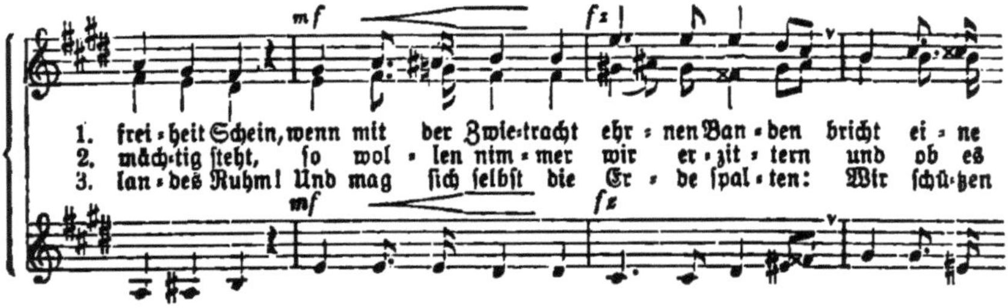
mf
fz
1. frei = heit Schein, wenn mit der Zwie=tracht ehr = nen Ban = den bricht ei = ne
2. mäch=tig steht, so wol = len nim = mer wir er = zit = tern und ob es
3. lan = des Ruhm! Und mag sich selbst die Er = de spal = ten: Wir schü=tzen
mf
fz

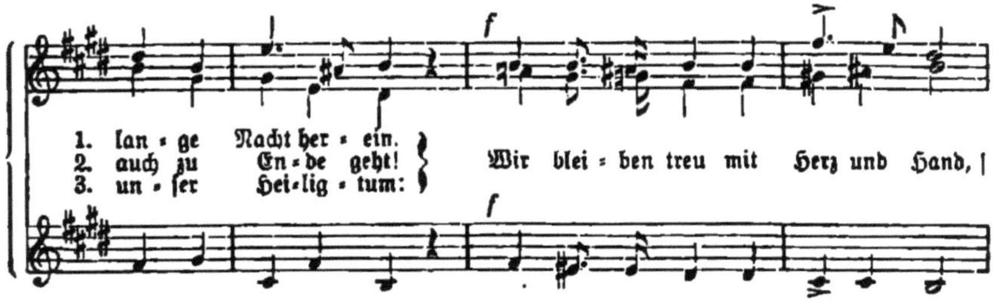
f
1. lan = ge Nacht her = ein.
2. auch zu En = de geht!
3. un = ser Hei = lig = tum:
Wir blei = ben treu mit Herz und Hand, |
f

*) „Zwölf dreist. Chorlieder (2 Soprane und Alt) für höhere Schulen." Verlag; Fr. Brandstetter in Leipzig.

bir heiß-ge-lieb-tes Va-ter-land! Wir blei-ben treu mit Herz und Hand

bir, heiß-ge-lieb-tes Va-ter-land!

53. Das Lied vom Rhein.
Max von Schenkendorf (1784—1817).

Kräftig. (♩ = 104.)

H. G. Nägeli, *)
geb. 1773, † 1836 in Zürich.

E-dur.
1. Es klingt ein hel-ler Klang, ein schö-nes deut-sches Wort in
2. Das ist der heil'-ge Rhein, ein Herr-scher, reich be-gabt, deß
3. Wir huld'-gen un-serm Herrn, wir trin-ken sei-nen Wein. Die

1. sang der deut-schen Män-ner fort: Ein al-ter Kö-nig hoch ge-
2. Wein, die treu-e See-le labt. Es re-gen sich in al-len
3. Stern! die Lo-sung sei der Rhein! Wir wol-len ihm auf's neu e

*) Arrangement aus dessen „36 Lieder und Rundgesänge für den vierst. Männerchor." 1. Heft, Nr. 12. Verlag Gebrüder von Schenk (H. G. Nägeli's Musikalienhandlung) in Zürich.

Mit Weglassung der 3. bis 6. Strophe.

54. Sommerlied.
Stärke.

*) Aus dessen „Praktische Gesangschule für den weibl. Chorgesang." (1. Heft). Verlag: Gebr. von Schenk (H. G. Nägeli's Musikalienhandlung) in Zürich.

55. An die Sterne.
Friederike Sußmann.

H. G. Nägeli.

— 68 —

1. bahn schaut mich aus blau = er Fer = ne so mild und trö = stend
2. Welt, dann blick' ich voll Ver = lan = gen hin = auf zum Him = mels=
3. Schmerz, kehrt bald der Frie = de wie = der, träuft Bal = sam in mein
4. Hand, dann denk' ich: all die Freu = be habt ihr mir zu = ge=
5. bahn! drum blick ich auch so ger = ne zu euch, zu euch hin=

1. so trö = = stend an.
2. zum Him = = mels = zelt.
3. träuft in ——— mein Herz.
4. mir zu = = ge = sandt.
5. zu euch ——— hin = an.

1. an, so mild und trö = stend an.
2. zelt, hin = auf zum Him=mels = zelt.
3. Herz, träuft Bal = sam in mein Herz.
4. sandt, habt ihr mir zu = ge = sandt.
5. an, zu euch, zu euch hin = an.

56. Morgenempfindung.

Pauline Schanz.

Innig und feierlich. (♩ = 92.)   Joh. Obersteiner, Chorregent in Kufstein.

Der Morgen zieht die Welt ent=lang, | mit ro = sen = ro = ten Schwin = gen und

*) Aus „Männer-Terzette", gesammelt von Fr. X. Rubenbauer. Verlag: Fr. Pustet in Regensburg.

57. Vom Bodensee bis an den Belt.

A. H. Hoffmann v. Fallersleben (1792—1874.)

Frisch bewegt. (♩. = 88.)

H. M. Schletterer,
Kapellmeister in Augsburg. Nr. 5 aus Op. 5. *)

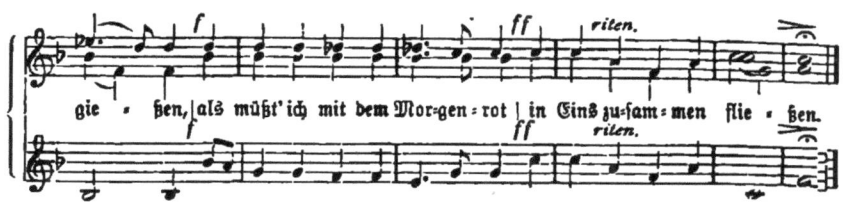

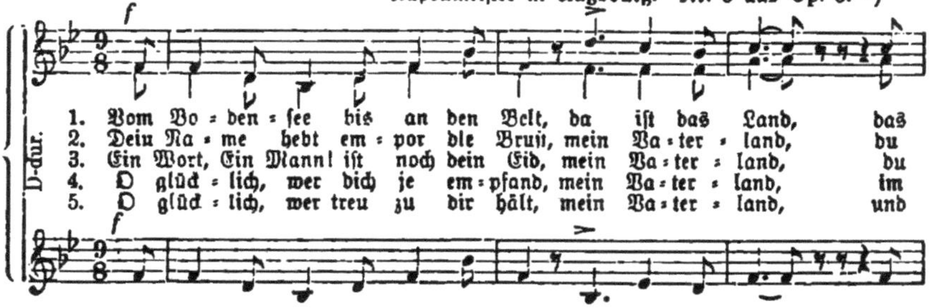

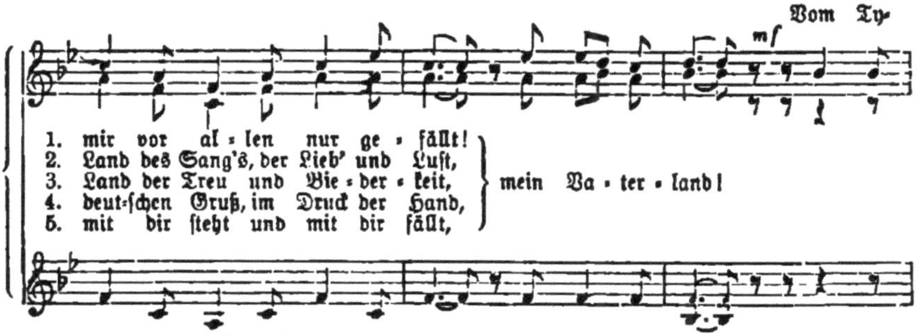

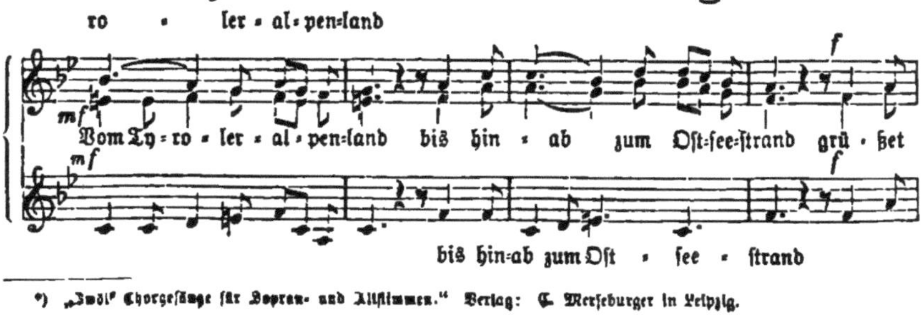

*) „Zwölf Chorgesänge für Sopran- und Altstimmen." Verlag: C. Merseburger in Leipzig.

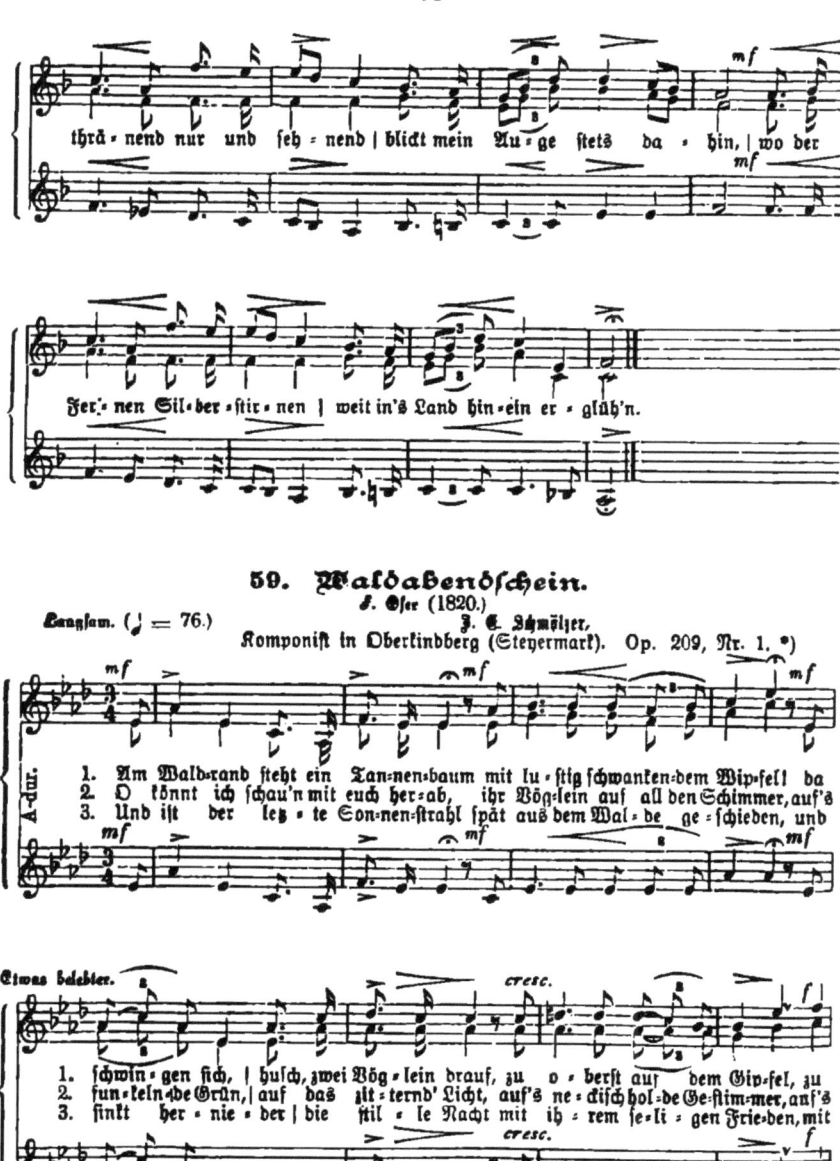

60. Der Lindenbaum.

Aus „Winterreise" von W. Müller (1794—1827).
Franz Schubert,
geb. 1797, † 1828 in Wien. Nr. 5 aus Op. 89. *)

Etwas langsam. (♩ = 76.)

1. Am Brun-nen vor dem Tho-re, da steht ein Lin-den-baum, ich
2. Ich mußt' auch heu-te wan-dern vor-bei in tie-fer Nacht, da
3. Die kal-ten Win-de bliesen mir g'rad in's An-ge-sicht, der

1. träumt in sei-nem Schat-ten, so man-chen sü-ßen Traum; ich schnitt in sei-ne
2. hab' ich noch im Dun-kel die Au-gen zu-ge-macht; und sei-ne Zwei-ge
3. Hut flog mir vom Ko-pfe, ich wen-de-te mich nicht. Nun bin ich man-che

1. Rin-de so man-ches lie-be Wort: es zog in Freud' und Lei-de zu ihm mich
2. rauschten, als rie-fen sie mir zu: Komm her zu mir, Ge-sel-le, hier find'st du
3. Stun-de ent-fernt von je-nem Ort, und im-mer hör' ich's rau-schen: Du fän-dest

*) „Winterreise", Cyclus von 24 Liedern für eine Singstimme mit Pianofortebegleitung.

61. Wiegenlied.

Math. Claudius (1740—1815.)

Sehr zart. (♩ = 50.)

Fr. Schubert,
Nr. 2 aus Op. 98.

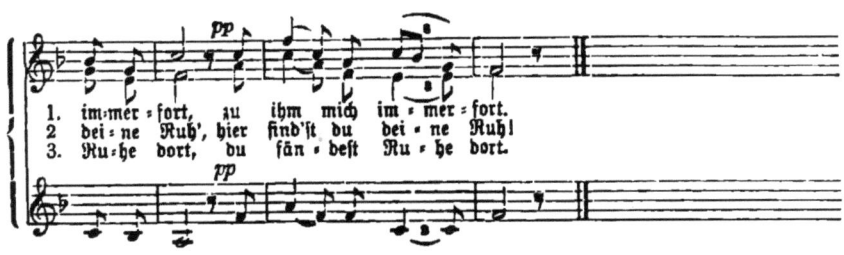

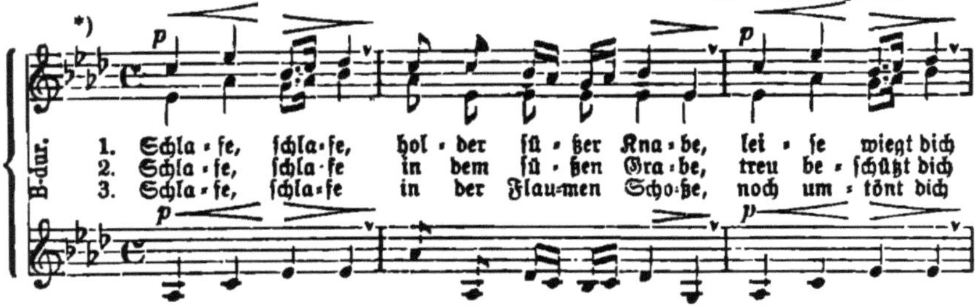

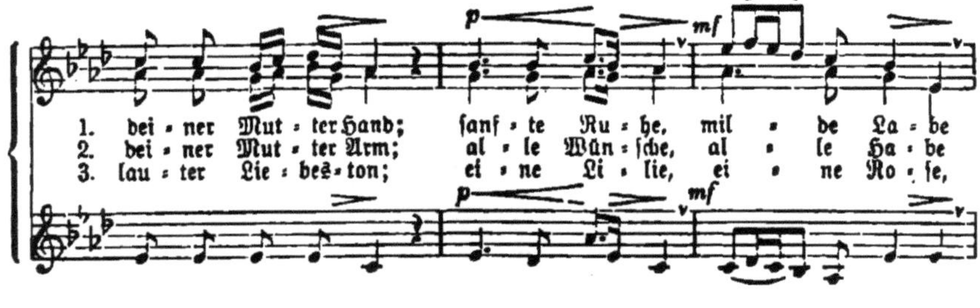

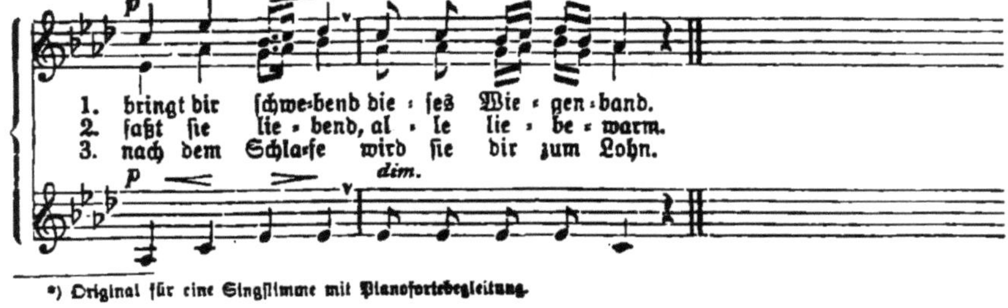

*) Original für eine Singstimme mit Pianofortebegleitung.

62. Die Nacht.
Joh. Mayrhofer (1787—1836).

F. Schubert.
Nr. 4 aus Op. 17.

*) Original für 4st. Männerchor.

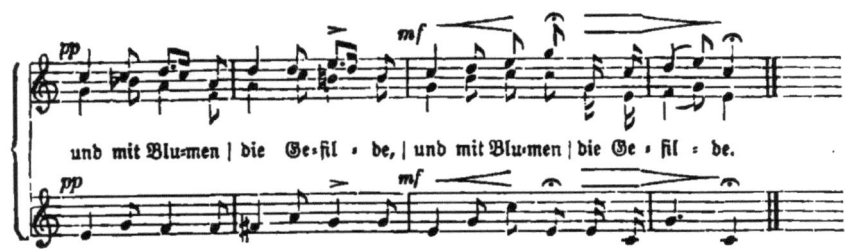

63. Frühlingsgruß.

A. H. Hoffmann von Fallersleben (1798—1874).
R. Schumann,
geb. 1810, zuletzt Musikdirektor in Düsseldorf, † 1856 in der Heilanstalt zu Endenich bei Bonn. Nr. 4 aus Op. 79. *)

Sehr mäßig. (♩ = 80.)

A-dur.

1. So sei ge-grüßt viel tau-send-mal, hol-der, hol-der Frühling! Will-
2. Du kommst und froh ist al-le Welt, hol-der, hol-der Frühling! Es
3. So sei ge-grüßt viel tau-send-mal, hol-der, hol-der Frühling! O

1. kom-men hier in un-serm Thal, hol-der, hol-der Frühling! Hol-der Frühling,
2. freut sich Wie-se, Wald und Feld, hol-der, hol-der Frühling! Ju-bel tönt dir
3. bleib' recht lang in un-serm Thal, hol-der, hol-der Frühling! Kehr' in al-le

1. ü-ber-all grü-ßen wir dich froh mit Sang und Schall, mit
2. ü-ber-all, dich be-grü-ßen Lerch' und Nach-ti-gall, und
3. Her-zen ein, laß doch al-le mit uns fröh-lich sein, recht

1. Sang und Schall!
2. Nach-ti-gall!
3. fröh-lich sein!

*) „Lieder-Album für die Jugend". (Für eine Singstimme mit Pianofortebegleitung.)

64. Sonnenstrahlen.

65. Der Schweizer.
Aus „des Knaben Wunderhorn".

Fr. Silcher,
geb. 1789, † 1860 als Universitäts-Musikdirektor in Tübingen.

1. Zu Straßburg auf der Schanz, da ging mein Trauern an, das Alphorn hört' ich drüben wohl anstimmen, in's Vaterland mußt' ich hinüber
2. Ein' Stunde in der Nacht sie haben mich gebracht; führten mich gleich vor des Hauptmanns Haus; ach Gott, sie fischten mich — im
3. Früh morgens um zehn Uhr stellt man mich vor das Regiment, ich soll da bitten um Pardon, und ich bekomm' gewiß — doch
4. Ihr Brüder all zumal, heut' seht ihr mich zum letzten Mal. Der Hirtenbub' ist doch nur schuld daran, das Alphorn hat mir solches

*) Original für 4stimmigen Männerchor. Verlag: Laupp'sche Buchhandlung in Tübingen.

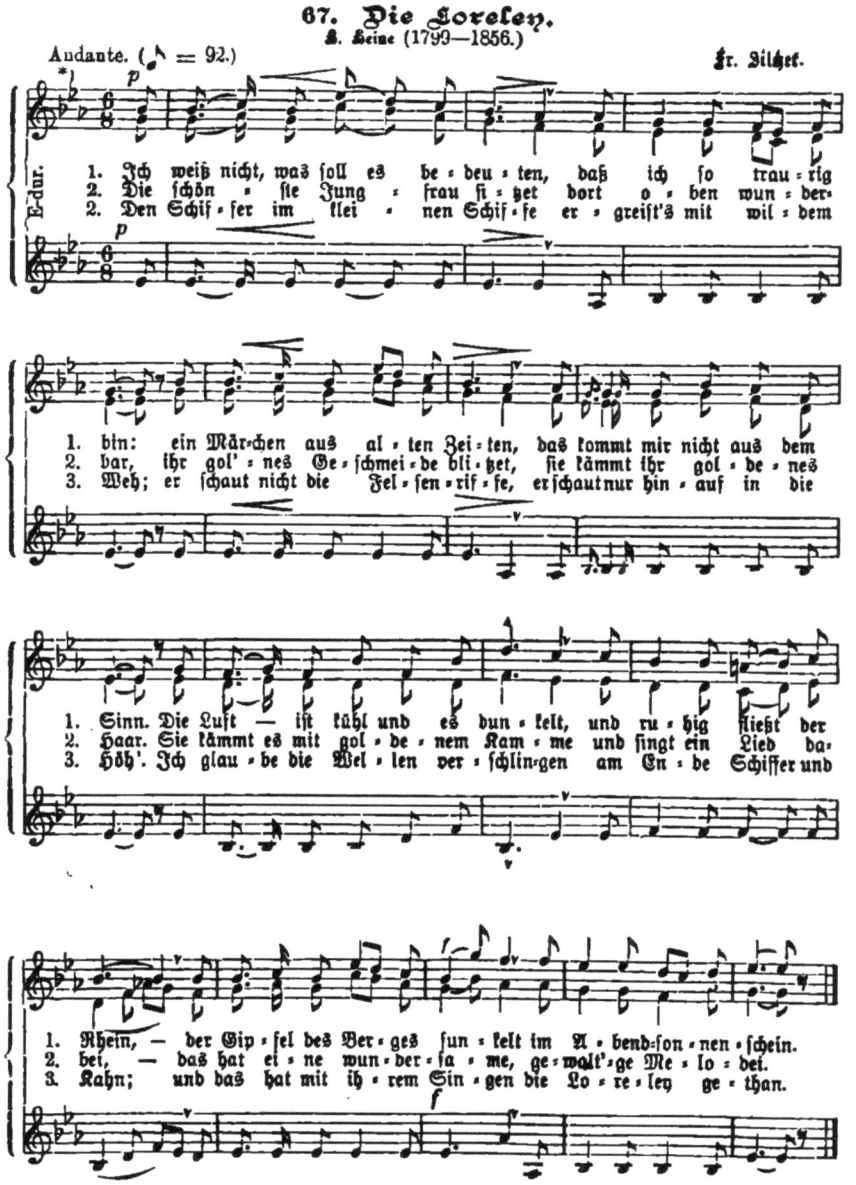

— 85 —

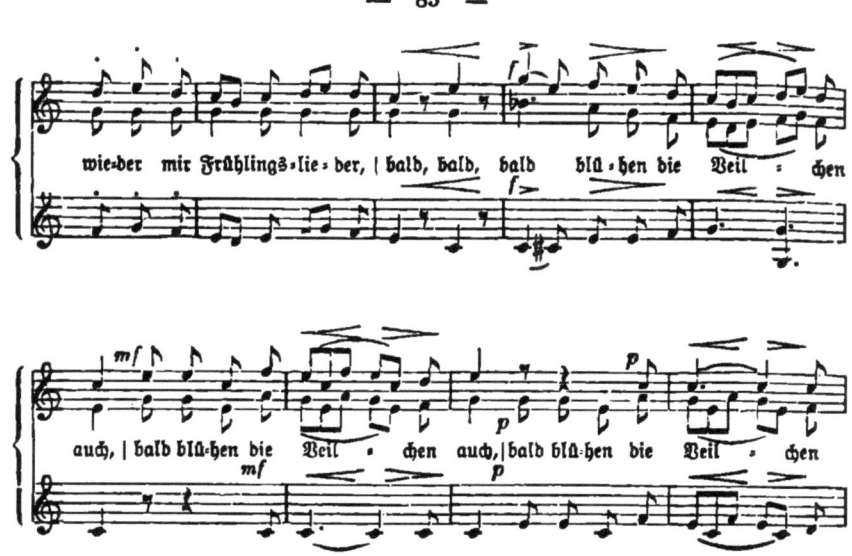

69. Der Lenz ist angekommen.
Aus: „Des Knaben Wunderhorn".

Heinr. Stiehl,
Organist in Lüneburg.

Etwas lebhaft. (♩ = 80.)

*) Aus: „Zweites Volks-Gesangbuch für Knaben, Mädchen und Frauen." Herausgegeben von J. Heim. Verlag H. J. Fries in Zürich.

70. **Freie Kunst.**
L. Uhland (1787—1862).
Jos. Hartm. Stuntz,
geb. 1793, † 1859 als k. Kapellmeister in München.
Melodie des „Walhallaliedes". *)

*) „Gelben, laßt die Waffen ruh'n ꝛc." Zur feierl. Einweihung der Walhalla bei Regensburg (18. Okt. 1842) gedichtet von König Ludwig I. und für Männerchor mit Instrumentalbegleitung komponiert von J. H. Stuntz. Verlag Falter & Sohn in München.

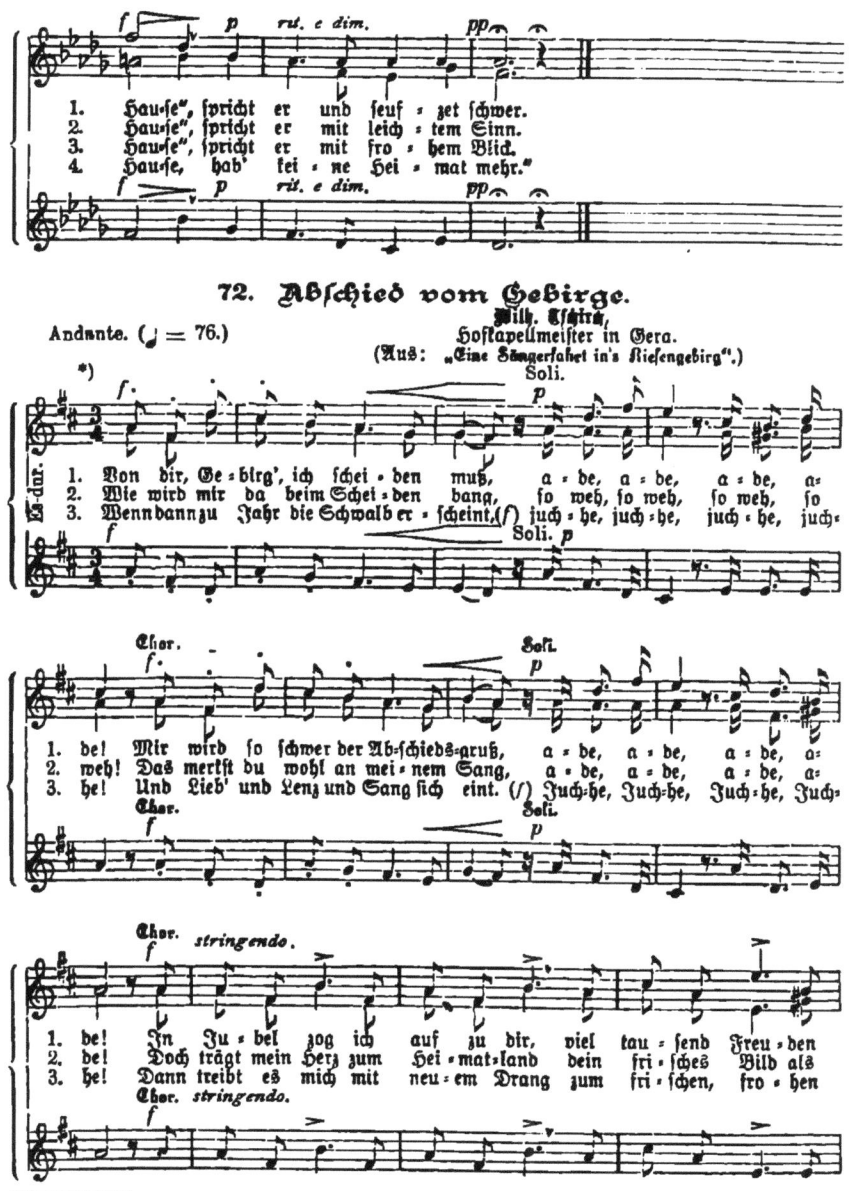

73. **Das Veilchen.**
Eduard Vogt.

— 91 —

74. Abendlied.
H. Chr. Andersen (1805).
Rob. Volkmann,
Musikdirektor in Pesth. Nr. 2 aus Op. 30. *)

Zart und getragen. (♩ = 69.)

sempre pp

1. Der A-bend senkt sich lei-se, der Him-mel ist so blau; nun
2. Im Trau-me schwingt die Ler-che sich in die kla-re Luft; was
3. Sieh' al-le Stern' er-flim-mern, es schmilzt des A-bends Pracht: Laß

*) „6 Lieder für vierst. Männerchor." Verlag: B. Schott's Söhne in Mainz.

78. Ich stand auf Bergeshalde.

Friedrich Rückert (1789—1866.)

80. Abschied von der Heimat.
A. Dissekoff (geb. 1829.)

81. Das Blümlein auf der Heide.

A. H. Hoffmann v. Fallersleben (1798—1874).

Leicht und anmutig. (♩ = 80.)   Volksweise.

1. So viel der Mai auch Blümlein beut zu Trost und Augen=wei=de, ich
2. Ich seh' ver=grü=nen und ver=blüh'n die Welt im Frühlingsklei=de, du
3. Kein Win=ter kann, | o Blü=me=lein, dir je was thun zu lei=be, ich

1. weiß nur ein's, | das mich er=freut, ich weiß nur ein's, | das mich er=freut, das
2. a=ber bleibst mein Im=mer=grün, du a=ber bleibst mein Im=mer=grün, du
3. schloß dich in mein Herz hin=ein, ich schloß dich in mein Herz hin=ein, du

1. Blümlein auf der Hei=be, auf der Hei=be, das
2. Blümlein auf der Hei=be, auf der Hei=be, du
3. Blümlein auf der Hei=be, auf der Hei=be, du } Blümlein auf der

— 99 —

Hei-de, | auf der Hei - de.

82. Schwertlied.
Aus „Leyer und Schwert" von Theod. Körner (1791—1813.)

Kräft'g. (♩ = 104.)

C. M. v. Weber,
geb. 1786, † 1826 als k. sächs. Hofkapellmeister in London.
Aus Op. 42.

*)

1. Du Schwert an mei-ner Lin - ken, was soll dein heit' - res Blin-ken?
2. „Mich trägt ein wack'rer Rei - ter, drum blink ich auch so hei - ter,
3. (13.) Wohlauf, ihr te - den Strei - ter, wohl - auf ihr deut-schen Rei - ter!
4. (16.) Nun laßt das Schwert er - klin - gen, daß hel - le Fun - ken sprin - gen!

1. Schaust mich so freund - lich an, hab' mei - ne Freu - de d'ran.
2. bin frei - en Man - nes Wehr, das freut dem Schwer - te sehr."
3. Wird euch das Herz nicht warm, habt ihr das Schwert im Arm? Hur-
4. Der Schlach-ten - mor - gen graut, von Hel - den - blut be - taut.

rah! Hur - rah! Hur - rah! (Mit Weglassung der Verse: 3—12, 14 und 15.)

*) Original für vierst. Männerchor.

7*

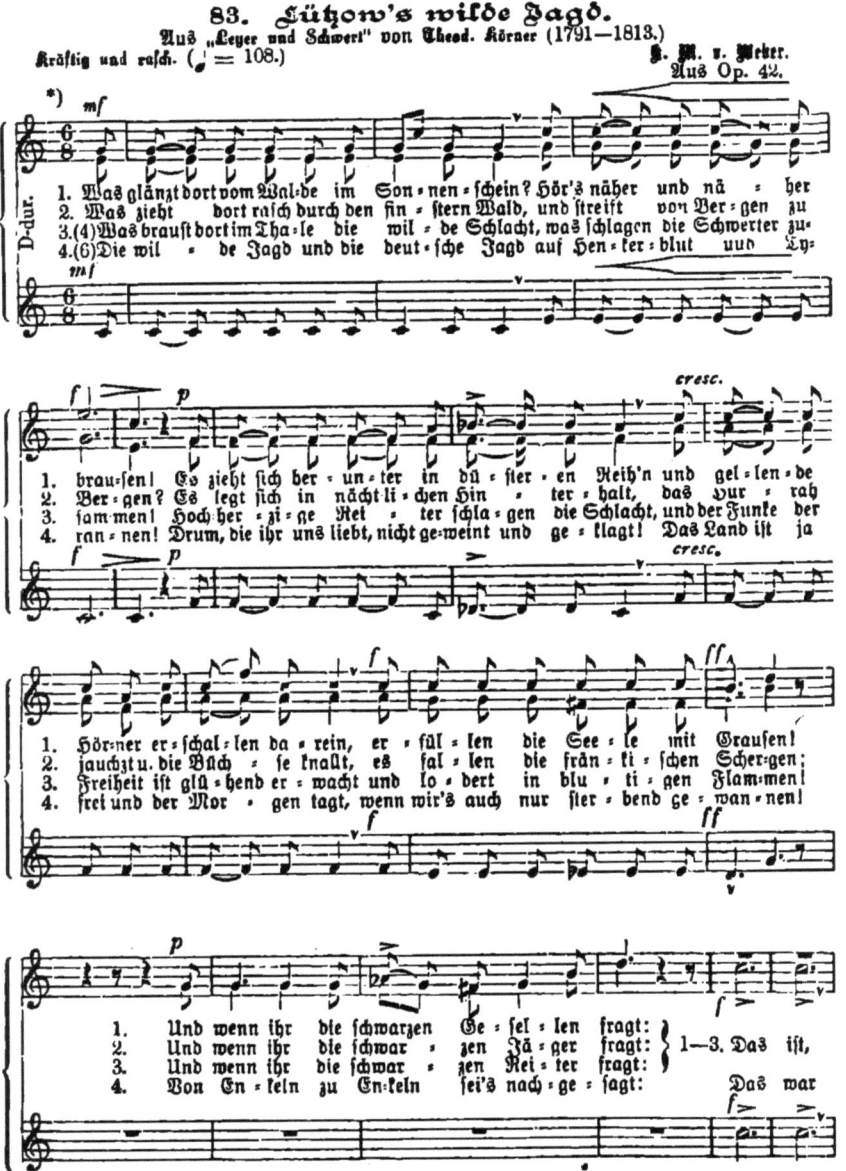

— 101 —

(Mit Weglassung des 3. und 5. Verses.)

84. Wanderlied.

J. A. Wolff (1784—1828.)

C. M. v. Weber.

(Zigeunerchor aus „Preciosa.")

---

*) Original für Sopran, Alt, Tenor und Baß.

88. Hoch auf dem Berge.

Georg Freiherr von Dyherrn (1848—1878.)

Fr. v. Wickede,
Komponist und musik. Schriftsteller in Leipzig.

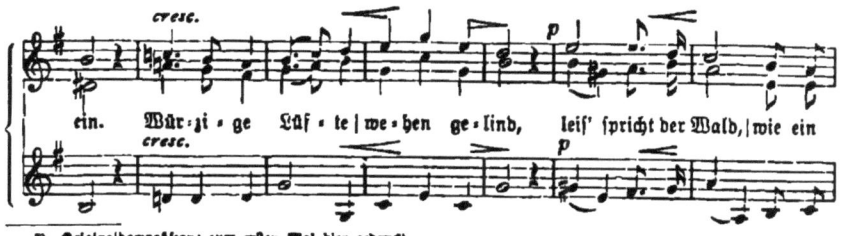

*) Originalkomposition; zum ersten Mal hier gedruckt.

— 107 —

Ber-ge wird mir so gut. Fer-ne des Tha-les sen-gen-de Glut,

fer-ne der Men-schen lär-men-de Reih'n, hoch auf dem Ber-ge steh' ich al-

lein, hoch auf dem Ber-ge steh' ich al-lein.

poco rit.

89. Die Wacht am Rhein.

Max Schneckenburger (1819—1849.)
Karl Wilhelm,
geb. 1815, † 1873 als Musikdirektor in Schmalkalden.

Allegro marcato. (♩ = 108.)

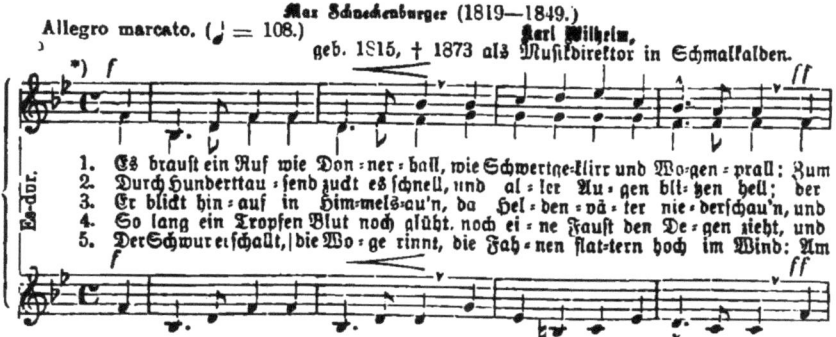

1. Es brauſt ein Ruf wie Don-ner-hall, wie Schwertge-klirr und Wo-gen-prall: Zum
2. Durch Hunderttau-send zuckt es schnell, und al-ler Au-gen bli-tzen hell; der
3. Er blickt hin-auf in Him-mels-au'n, da Hel-den-vä-ter nie-derschau'n, und
4. So lang ein Tropfen Blut noch glüht, noch ei-ne Fauſt den De-gen zieht, und
5. Der Schwur erschallt, die Wo-ge rinnt, die Fah-nen flat-tern hoch im Wind: Am

*) Arrangement aus dem 3. Heft der von W. Greef und L. Erk herausgegebenen vierst. „Männerchöre". Verlag G. D. Bädeker in Essen (Volksgesang der Deutschen i. J. 1870. Gedichtet 1840, komp. 1854; zum erstenmale gesungen am 6. Juni 1854 in Berlin bei Gelegenheit der silbernen Hochzeit des damaligen Prinzen Wilhelm von Preußen, des jetzigen deutschen Kaisers.)

1. Wandern ein, das Wandern, Wandern, das Wan-
2. Tag und Nacht, das Wasser, Was-ser, das Was-
3. mü-de dreh'n, die Räder, Rä-der, die Rä-
4. schnel-ler sein, die Steine, Stei-ne, die Stei-
5. wei-ter zieh'n und wandern, wan-dern und wan-

1. bern, das Wan-bern, das Wan-bern.
2. fer, das Was-fer, das Was-fer.
3. ber, die Rä-ber, die Rä-ber.
4. ne, die Stei-ne, die Stei-ne.
5. bern, und wan-bern, und wan-bern.